ANDREA SIXT
EVERYBODY IS PERFECT

VIELE WEGE FÜHREN ZUM ERFOLG

ANDREA SIXT
EVERYBODY IS PERFECT

VIELE WEGE FÜHREN ZUM ERFOLG

südwest°

Herzlichen Dank all den Menschen,
die mir einen Teil ihrer Lebenszeit
schenken und geschenkt haben.

7   Vorwort

12   Jürgen Klopp
34   Monika Gruber
56   Erich Sixt
76   Monty Roberts
102   Franziska van Almsick
120   Marc Forster
134   Innegrit Volkhardt
148   Michael Mendl
170   Helga Hengge
194   Georg Schweisfurth
212   Hans Langner (Birdman)

238   Anhang
255   Impressum

meinem geliebten Cord

EVERYBODY
IS PERFECT

Perfekt kommt aus dem Lateinischen
perfectus und bedeutet vollkommen,
vollendet, also etwas, das sich
nicht mehr verbessern lässt.

W enn perfekt vollkommen bedeutet, können wir Menschen, die einer ständigen Wandlung und Entwicklung unterliegen, niemals perfekt sein. Wenn wir aber Veränderungen annehmen und uns Schwächen und Fehler als eine Selbstverständlichkeit zugestehen, nach dem Motto: Ich bin perfekt in meiner Unperfektheit – dann können wir sagen: Ich bin perfekt und du bist es auch, und das in diesem Moment und in allen anderen Momenten unseres Lebens hier auf der Erde. Diese Erkenntnis macht uns frei, führt zu einem respektvollen und liebevollen Umgang mit sich und der Umwelt und erleichtert uns unser Leben enorm. Denn das größte Geschenk, das wir einem Menschen machen können, ist, ihn anzunehmen, bedingungslos, so wie er ist.

Viele Menschen, und ganz besonders junge, orientieren sich an Vorbildern, die bekannt, erfolgreich und scheinbar auch glücklich sind. Sie eifern ihnen nach, versuchen, es so zu machen wie sie, wollen leben wie sie, aussehen wie sie … und es ist unvermeidlich, dass sie daran scheitern werden. Dem großen Traum folgen Enttäuschung, Frustration, Ärger, Aggression und nicht selten eine schwere Krankheit. Denn in ihrem Ehrgeiz haben sie das Wichtigste vergessen: sich selbst und ihr eigenes Leben, das nichts zu tun hat mit dem des anderen.

Dieses große Streben nach Perfektion, die oft schon zwanghafte Herangehensweise an ein sich vorgenommenes Ziel, das unentwegte Bemühen, einem gewissen Anspruch gerecht zu werden, sei es im Beruf, in der Schule, in der Freizeit, haben mich veranlasst, mit erfolgreichen Menschen zu sprechen, um herauszufinden, was ihren Erfolg ausmacht, und wie sie mit Fehlern, Schwächen und Niederlagen umgehen. Jede dieser Begegnungen war eine wunderbare Erfahrung und eine Bereicherung, für die ich dankbar bin.

Was ist besser, als von erfolgreichen Menschen zu lernen? Auch wenn jeder Lebensweg ein anderer ist, gibt es letztendlich doch vieles, was diese herausragenden Persönlichkeiten gemeinsam haben. Meist sehen wir nur die Höhen ihres Weges, doch jede Lebensgeschichte hat auch ihre Tiefen. Nicht das, was sie tun, ist entscheidend, sondern wie sie es tun – mit welcher Einstellung zu sich, zu anderen Menschen, zu ihrem Beruf, zur Gesellschaft, zum Leben. Hinter all diesen Erfolgen steht eine Lebensphilosophie, die auch ich annehmen, verinnerlichen und umsetzen kann. Doch auch wenn ich hoch motiviert bin, ist dies oft nicht so einfach. Vielleicht kenne ich meinen eigenen Weg noch nicht, vielleicht blockieren mich Ängste, vielleicht hält mich mein Umfeld von meinen Plänen ab – und selbst wenn ich mein Potenzial erkannt habe,

habe ich es noch längst nicht ausgeschöpft. Ich kann versuchen, mir all diese Dinge alleine zu erarbeiten, aber ich kann mir auch Unterstützung holen – einen Trainer, einen Coach, einen Lehrer. Es gibt viele verschiedene Methoden, die dazu führen können, ein glücklicher, erfolgreicher und gesunder Mensch zu werden.

Ich selbst brauchte lange, um meinen Weg zu finden und den Mut zu haben, diesen auch zu gehen. Nach der Schule entschied ich mich für das »falsche« Studium, denn anstatt meiner wahren Neigung, dem Schreiben und der Kunst, nachzugehen, studierte ich Versorgungstechnik, obwohl es mich nicht interessierte. Mein Ziel war, in das Unternehmen meines Vaters einzusteigen, eine scheinbar gesicherte Existenz. Aus Unsicherheit, nicht so gut zu sein wie andere, und aus Angst, hatte ich mich für diesen Weg entschieden. Nach meinem Studium arbeitete ich dann noch als Ingenieurin, schlug mich so gut es ging auf einer Großbaustelle nach der anderen herum, wo ich versuchte, meinen »Mann« zu stehen. Ein falscher Ehrgeiz, denn da ich meinen Beruf nicht mochte, konnte ich auch nicht so gut sein, was mich sehr viel Kraft und Energie kostete. Natürlich setzte sich diese Frustration in meiner Freizeit fort, da ich meine berufliche Unzufriedenheit kompensieren musste und viel zu hohe Erwartungen an das private Umfeld stellte: Wenn ich schon im Beruf nicht glücklich war, musste mir die Freizeit etwas Großes bieten. Das konnte nicht funktionieren. Aber mir eingestehen, auf dem »falschen« Weg zu sein, wollte ich lange nicht, denn das hätte ja eine Veränderung mit sich gezogen. Nach sieben Jahren war ich endlich so weit. Ich ließ mich coachen, kündigte und machte mich als Autorin selbstständig. Fast wäre es zu spät gewesen, denn kurz darauf bekam ich die Diagnose Krebs. Über die Heilung dieser Krankheit habe ich in anderen Büchern ausführlich berichtet und will es an dieser Stelle nicht wiederholen. Nur eines sei gesagt: Die Krankheit war der Wendepunkt in meinem Leben. Die homöopathische Therapie nach Dr. Dragos lehrte mich, Verantwortung für mich und mein Leben zu übernehmen, ich begann, mich selbst wichtig zu nehmen, meine Bedürfnisse abzudecken, mich an mir selbst zu orientieren, tolerant meinen Fehlern und Schwächen gegenüber zu sein, zu lernen und meinen Weg zu gehen nach dem Motto: Ich liebe, was ich tue. Ich liebe, wo ich bin. Ich liebe, mit wem ich bin. Und plötzlich kamen viele Dinge einfach auf mich zu.

Heute weiß ich, dass auch die vermeintlich »falschen« Wege die richtigen waren, um dahin zu gelangen, wo ich heute stehe. Somit ist alles perfekt, so wie es ist.

Trainingszentrum von
Borussia Dortmund

Jürgen Klopp

Fußballtrainer

Ich kann mich jeden Tag
aufs Neue darüber freuen,
dass ich das machen darf.

Sind Sie ein Perfektionist?

Sicher nicht in allen Bereichen, da bin ich tolerant. Ich habe so ein gesundes Halbwissen, wobei ich nicht genau weiß, woher das kommt, weil ich mich die meiste Zeit nur um Fußball kümmere. Im Fußballbereich bin ich allerdings sehr, sehr schwer zufriedenzustellen. Ich habe immer die nächste Aufgabe im Blick, und das erschwert so ein bisschen das Genießen des eigentlichen Moments, denn ich weiß: Nächste Woche geht es weiter. Der perfekte Moment ist deshalb der letzte Spieltag in einer Saison, mit der man sehr zufrieden ist, und dann weiß selbst ich, jetzt ist alles erledigt, jetzt kann ich nichts mehr ändern, und jetzt kann ich es genießen. Ich akzeptiere jedoch Dinge, die passieren. Ich habe es mit Menschen zu tun, die können nicht perfekt sein, und das müssen sie auch nicht. Deshalb ist es auch immer ein »Try and Error« – das Beste zu geben, zu sehen, was man dafür kriegt und weiterzumachen.

Und im Training?

Ein Spieler hat neulich über mich gesagt, man könne mit mir über alles reden, aber wenn ein Fehler im Training passiert, dreh ich komplett durch. Das ist vielleicht etwas übertrieben, aber mit Fehlverhalten oder zu wenig Einsatz kann ich nicht umgehen. Das gibt direkt Feuer. Da bin ich sicher extrem. Ansonsten bin ich echt ein netter Kerl. Ich mag die Jungs alle, sie haben alle das gleiche Hobby wie ich, spielen gern Fußball, und dadurch sind wir uns sehr nah. Es kann einer wirklich total beschissen trainieren und anschließend mit einem privaten Problem zu mir kommen, und dann reden wir darüber, als hätte es nie gekracht.

Es ist also nie persönlich gemeint, sondern es geht Ihnen ausschließlich um die Sache?

Absolut. Immer. Natürlich muss ich in der Sitzung bei der Analyse die Spielernamen nennen, damit man weiß, um welche Situation es geht, wir zeigen ja auch Videos, aber es geht immer um das Verhalten auf der

Position und nicht um denjenigen, der den Fehler gemacht hat. Ich werde nie persönlich, und das ist mir auch ganz wichtig. Wenn ein Fehler passiert, trage ich mindestens 50 Prozent Teilschuld, weil ich nicht dafür gesorgt habe, dass er ihn nicht macht. Dementsprechend sitzen wir in einem Boot. Ich bin null Komma null nachtragend in solchen Dingen. Man darf Fehler natürlich nicht so häufig wiederholen, weil sonst ein anderer spielt. So einfach ist das. Aber das hat nichts damit zu tun, dass ich Probleme mit dem Spieler hätte, sondern nur dass ich eine bessere Option im Sinne der Mannschaft gefunden habe.

Fußball war, nehme ich an, schon immer Ihre Leidenschaft?

Als ich zwei Jahre alt war, hatte mein Vater ein Tor ins Wohnzimmer gestellt. Die Hausratversicherung war dadurch extrem belastet, Scheiben rausgeschossen usw. Ich war, geprägt durch den Vater, ein extremer Sportfreak.

Ihr Vater war als Sportler sehr aktiv?

Er war auch Fußballer und hat nach dem Krieg in der höchsten deutschen Liga gespielt. Zudem war er noch Tennis- und Skilehrer. Wir waren zu Hause sechs Jungs und haben in dem kleinen Ort mit 1500 Einwohnern die Fußball-, Tennis-, Ski- und Tischtennismannschaft gestellt. So waren wir gut beschäftigt. Ich konnte besser Tennis spielen, als Fußball, aber es hat mich nicht im Ansatz so interessiert, alleine dazustehen und die Bälle zu schlagen.

Also waren Sie schon als Kind ein Teamplayer?

Absolut. Es hat mir schon immer total Spaß gemacht, selber alles andere als perfekt sein zu müssen, und trotzdem meinen Beitrag leisten zu können. Das ist großartig. So hat sich auch meine Position entwickelt. Anfangs war ich Stürmer, da spielt man eigentlich nicht so mit, sondern haut den Ball rein, und wenn man gewonnen, aber selbst kein Tor geschossen hat, bedauert man das. Je höher ich gespielt habe, desto weiter bin ich nach hinten gerückt. Und die letzten paar Jahre als Abwehrspieler habe ich es total genossen, ein Spiel gewinnen zu können, kein Tor geschossen zu haben und trotzdem zu wissen, ich habe mitgeholfen. Ich bin also meinem Naturell, was die Position betrifft, immer näher gekommen.

Wie war Ihre Schulzeit?

Ich war eher locker drauf. In der achten Klasse bin ich sitzen geblieben, das war chancenlos, und das hat mich jetzt auch nicht nachträglich beeinträchtigt. Ich hatte im Halbjahreszeugnis mit einer Fünf gerechnet, doch die Lehrer wollten mir einen Denkzettel verpassen, und so hatte ich fünf Fünfen. Also dieser Tag war nicht so schön. Mein Vater hat sich wahnsinnig aufgeregt und wollte mich sofort auf eine Realschule geben. Am nächsten Tag saßen wir beim Rektor, doch der meinte, ich sei schon Gymnasialschüler und nur faul. Ich betrachtete das als Kompliment. Die aus der siebten Klasse standen auch schon vorm Lehrerzimmer, denn am nächsten Tag war das Fußball-Schulturnier, und sie hatten gehofft, dass ich schon im Halbjahr zurücktreten und bei ihnen mitspielen würde, was ich nicht getan habe – so ist die achte Klasse noch mal Schulmeister geworden.

Wohin führte Sie Ihr Weg nach der Schule?

1988 ging ich nach dem Abitur nach Frankfurt, um bei den Amateuren zu spielen. Dort habe ich dann direkt auch die D-Jugend als Trainer übernommen und ein Jahr später die C-Jugend trainiert. Ich hatte totalen Spaß daran, aber irgendwann ging das alles zeitlich nicht mehr. Ich hatte mein Studium zu absolvieren und war ganz jung Vater geworden.

Wie haben Sie dann alles finanziert?

Ich war zwar Amateur bei Eintracht Frankfurt und habe damals ein paar Hundert Mark verdient, aber davon konnte ich mit meiner jungen Familie nicht so richtig leben, also habe ich neben Studium und Fußball in Kneipen gejobbt und für einen Kinofilmverleih gearbeitet. Die ganzen Filmrollen schleppen, das war richtig körperliche Arbeit.

Wie kamen Sie vom Abwehrspieler zum Trainer? Hatten Sie schon immer den Wunsch, Trainer zu werden?

Hätte man mir mit 25 Jahren gesagt, wir haben festgestellt, du kannst gar nicht kicken, aber du kannst die Mannschaft trainieren, hätte ich gesagt, gute Idee, habe ich schon lange gewusst. Ich war nie zufrieden mit mir als Spieler, ich musste mit meinen Unzulänglichkeiten richtig kämpfen.

Was waren denn Ihre Unzulänglichkeiten?

Ich war technisch nicht so gut. Ich war groß, ich war schnell, ich war extrem kampfstark, torgefährlich, all das war ich, aber zu enge Räume und viele Spieler waren nicht mein Ding. Dementsprechend hätte ich das also durchaus akzeptiert.

Sie sind dann zu Mainz gegangen und wurden dort Trainer?

Ich habe elf Jahre in Mainz gespielt. An einem Sonntag, ich habe schlecht gespielt, bin ich in der 57sten Minute ausgewechselt worden. Am Montagmorgen wurde der Trainer entlassen, und am Montagmittag wurde ich zum neuen Trainer gemacht, erst mal vorübergehend, um in Ruhe einen neuen Trainer zu finden. Dann haben wir das nächste Spiel am Mittwochabend gewonnen, das darauffolgende am Sonntag auch, und von dem Tag an habe ich nicht mehr gespielt, sondern war ausschließlich Trainer.

Es sollte wohl so sein?

Ja, absolut. Es war das größte berufliche Glück, und ich bin diesem Glück auch sehr demütig gegenüber. Ich kann mich jeden Tag aufs Neue darüber freuen, dass ich das machen darf.

Vielleicht kam auch alles so, weil Sie Ihrem Herz gefolgt sind?

Ja, beruflich sowieso, aber auch im Privaten. Ich wurde jung Vater, und Ulla, meine zweite Frau, wurde jung Mutter. Heute haben wir zwei große Jungs, die fast gleich alt sind und sich verstehen wie Brüder – jedoch ohne die Probleme, die vielleicht aufkommen, wenn man die ganze Kindheit zusammen verbringt. Das ist natürlich sensationell und kaum zu überbieten. Wenn ich klagen würde, wäre das eine echte Frechheit.

Was ist ihr Antrieb?

Mein Antrieb ist, das Beste zu geben. Ich habe Lust, mich wirklich zu verausgaben, was sicher durch meine Erziehung und den Sport geprägt ist. Meinem Vater konnte man es nicht recht machen, und ich schon gar nicht. Er hatte wohl geglaubt, er müsse mich kritisieren, um mich anzuspornen. Lob war eher spärlich. Die klassische Motivation. Als es jedoch nur noch Kritik gab, konnte ich es nicht ernst nehmen. Es war schon schwierig. Ich bin dann nach dem Abi auch direkt weg, und als dann im Griechenlandurlaub das Angebot von Eintracht Frankfurt kam, fing das neue Leben an.

Ist Ihre Trainingmethode auch vom Vater geprägt?

Ich habe meine ganz eigene. Die Jungs brauchen Feedback, und zwar das richtige. Ich glaube, ich habe eine durch den gesunden Menschenverstand geprägte natürlich angeeignete Pädagogik und Psychologie und glaube auch zu wissen, wie man mit Menschen umgeht. Wie würde ich mich wohlfühlen? Wie fühlt er sich wohl? Du musst jeden Spieler da abholen, wo er steht. Ich kann jetzt nicht sagen, Fußballmannschaften werden so behandelt, sondern Menschen werden auf die Art und Weise behandelt – individuell. Wobei Fußballer keine ganz normalen Menschen sind, sondern deren Leben ist schon ein wenig monostrukturiert. Es ist Fußball. (lacht)

Alle haben am Wochenende frei, du hast nie frei. Alle haben abends frei, du hast als Amateur nie frei. Du trainierst immer. Du bist also in einer Gruppe, in der du dich idealerweise wohlfühlst – wenn nicht, hast du ein echtes Problem. Und deshalb sorge ich dafür, dass die Stimmung tendenziell locker ist, allerdings zum Wettkampf hin natürlich an Schärfe und an Konzentration gewinnt. Das ist auch der Grund, warum ich vor jedem Spiel ins Hotel gehe, denn ein Spieler kann nicht morgens die Wasserkisten schleppen und mittags das subjektiv empfundene wichtigste Spiel seines Lebens gewinnen müssen. Das geht nicht. Er muss sich optimal darauf vorbereiten können.

Sie haben mit jungen Menschen aus dem unterschiedlichsten kulturellen und sozialen Umfeld zu tun. Das stelle ich mir sehr schwierig vor.

Deshalb werden die Jungs ganz individuell behandelt, im Rahmen der Regeln, die für alle gelten. Du kannst Fußball nicht spielen ohne Disziplin, und Disziplin muss man lernen, wenn man es nicht mitbekommen

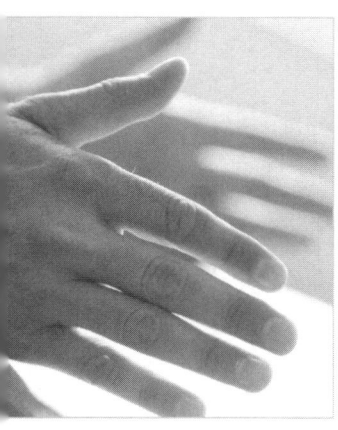

hat. Die Jungs sind teilweise hochtalentiert und wurden ab ihrem 12ten Lebensjahr behandelt wie ein rohes Ei, damit ihnen ja nichts passiert und sie weiter die Spiele entscheiden können. Dann kommen sie hierher in eine Gruppe, in der alle gut sind, und müssen sich erst wieder neu beweisen. Das ist natürlich eine ganz spannende Geschichte. Oder wie Mohamed Zidan, der mit 17 aus Ägypten nach Dänemark gekommen ist, ohne die Sprache zu sprechen, und innerhalb weniger Monate zum Superstar der dänischen Liga wurde. Was das alles mit einem anstellt! Oder der andere, der aus einem behüteten Elternhaus kommt, wo die Eigenmotivation ohne diesen sozialen Antrieb riesengroß sein muss. Dies alles unter einen Hut zu bringen, ist natürlich ein 24-Stunden-Job.

Wie man sieht, läuft es ja gut.

Die einen sagen so, und die anderen sagen so. Was ist schon gut?

Wie entspannen Sie?

Hätte man mir das vor 15 Jahren gesagt, hätte ich es nicht geglaubt: in meiner Familie. Man könnte meine Frau und mich sechs Wochen in einen Raum einschließen, wir würden rauskommen und hätten uns nicht einmal gestritten. Alles ist sehr entspannt. Ich bin im Beziehungsolymp. Und wenn wir alle gesund bleiben, ist es perfekt.

Sprechen Sie zu Hause auch viel über Fußball?

Meine Frau ist interessiert an allem was ich mache, aber der Fußball selber ist nicht so ihr Thema, sondern der Mensch. Ulla ist Pädagogin, und wenn etwas anliegt, was die Jungs betrifft, besprechen wir das durchaus auch. Und ansonsten genießen wir, einfach nur da zu sein, sich wohl-

zufühlen und zumachen, auf was man Lust hat, vorausgesetzt, wir haben die Zeit. Unsere Jungs sind groß, der eine studiert schon, der andere macht gerade Abi, beide wohnen nicht bei uns, dadurch sind wir also völlig unabhängig.

Wie gehen Sie mit Kritik um?

Der Umgang damit ist kein Problem, weil ich in gesundem Maß selbstkritisch bin, und deshalb kann mir das, was von außen kommt, nichts anhaben. Ich bin völlig unabhängig von öffentlicher Kritik. Man kann sich heute nicht vorstellen, dass ich die meiste Zeit meines Lebens deutlich mehr Kritik bekommen habe als Lob. Nicht nur in meiner Kindheit, sondern auch als Spieler: Ich war so eine Art schlechte Angewohnheit der Mainzer Fußballgesellschaft, also nach dem Motto: Sonntagnachmittag ins Stadion gegangen, Klopp war schon wieder da und hat gekickt. Keiner wusste so richtig warum, denn ich war einfach nicht so gut, aber ich war immer da. Da hatte es natürlich von der Presse immer wieder Kritik gegeben, denn ich war einfach nicht der Spieler, den sie gern gesehen hätten. Trotzdem hatte ich eine glückliche Kindheit und war als Spieler in der zweiten Liga total zufrieden. Die Momente, in denen es nicht so lief, haben kein negatives Gefühl hinterlassen.

Heute bespreche ich die Spiele mit ein paar wichtigen Menschen, und wenn ich mein Bestes gegeben habe, und es reichte nicht … Was jetzt? Hängen wir uns gemeinsam auf? Das ist ja in dem Moment nicht mehr greifbar. Wenn etwas schlecht läuft, setze ich mich damit auseinander und versuche, dass es besser läuft. Da kann eine Zeitung schreiben, was sie will, das macht die Sache nicht schlimmer. Wenn ich jeden Tag darauf achte, was sie geschrieben haben, und danach handle, verliere ich 100 Prozent an Authentizität. Aber die habe ich. Ich weiß, dass es Scheiße war, bevor sie es geschrieben haben. Und dann ist es einfach egal.

Sie sind von Grund auf Optimist?

Definitiv. Ich glaube, das ist die einzig lohnende Art, mit dem Leben umzugehen. Ich muss zugeben, wirklich existenzielle Probleme hatte ich nie. Wobei das immer subjektiv empfunden ist, weil ich natürlich sehr häufig viel zu wenig hatte und viel zu viel arbeiten musste, und das über einen ganz langen Zeitraum meines Lebens.

Also gab es eine Zeit, in der es nicht so gut lief?

Was heißt, nicht so gut lief? Das ist das Leben. Hätte mir vor 15 Jahren jemand gesagt, dass ich in der Situation wäre, in der ich heute bin, hätte ich das nicht für möglich gehalten. Ich wollte damals nur einen Beruf ausüben, der mir Spaß macht. Während andere Jungs immer unterwegs waren auf Studienfahrten, beim Skifahren oder in Surfkursen, habe ich immer gekickt. Ich war bei keinem dieser Kurse dabei, musste meinen Surfschein zu Hause machen aus einem Buch »Surfen in zehn Schritten« und war nicht einmal auf dem Wasser. Wenn die anderen abends weggegangen sind, bin ich nach Hause, weil meine Exfrau gearbeitet hat

und Marc versorgt werden musste. Aus heutiger Perspektive betrachtet war es eine Zeit, in der es nicht so toll lief, aber ich habe es nicht so empfunden.

Das war alles vor Ihrer Zeit als Trainer bei Mainz, also vor Ihrem 33sten Lebensjahr?

Ja. Ich wusste damals, dass irgendwann etwas passieren musste. Kurz bevor ich Trainer wurde, hatte ich schon gedacht, wenn ich in etwas anderes so viel investiert hätte, wie in Fußball, hätte ich jetzt eine Perspektive. Ich hatte es zwar als Glück empfunden, Fußball spielen zu dürfen und Geld dafür zu bekommen, hatte mich aber aus dem normalen Leben komplett ausgeklinkt. Mein Studium hatte ich abgeschlossen, aber Sportlehrer waren damals nicht gerade gesucht. Ich fragte mich also, was kommt jetzt, was mich auch nur annähernd so befriedigen könnte. Es bestand die Gefahr, kein superglücklicher Mensch zu werden, sondern einen Job machen zu müssen, einfach nur zum Broterwerb.

Hatten Sie damals Ängste?

Die Mundwinkel waren am Morgen nach dem Aufwachen oft schon weit unten. Es roch nach Langeweile und extremer Frustration. Das hat sich mit einem Schlag geändert.

Glauben Sie an Gott?

Ich bin zwar kein praktizierender, aber ein gläubiger Christ, und ich bin überzeugt, dass jeder Mensch gewisse Aufgaben hat. Ich empfinde es als meine Aufgabe, mich so zu verhalten und dafür zu sorgen, dass es den Menschen um mich herum gut geht und dass sich die Stimmung, wenn ich dazukomme, ein bisschen aufhellt. Was mir auch wirklich leicht fällt.

Ihre Expertenrolle im ZDF hat Sie sehr bekannt gemacht, und auch sehr beliebt.

Ja, mich kennen die Leute mehr als der vom Fernsehen. Dass ich das seit einem halben Jahr nicht mehr mache, kriegt auch niemand so richtig mit. Mittlerweile bin ich in einer Situation, in der sich die Leute den ganz normalen Alltag bei mir nicht mehr vorstellen können. Wenn ich einkaufen gehe … Ha, der kauft ein! Oder: Ah, 'ne Kiste Bier, es gibt was zu feiern. (lacht) Oder: Sie haben verloren, und er geht trotzdem

essen … Meine Leistung können die meisten Menschen nicht beurteilen – weil sie nie dabei sind, wenn ich Leistung bringe, sie sehen immer nur das Wochenende. Fußball ist ein interessantes Spiel. Man kann dreißig Jahre Fußball spielen und trotzdem den Ball nicht von diesem Stuhl bis zu dieser Ecke spielen. Das gibt es in keiner anderen Sportart. Wenn ich dreißig Jahre Tennis spiele, kann ich definitiv den Ball von da nach da spielen, genauso beim Golf. Beim Fußball wird immer nur über das Ergebnis geredet. Wenn man verliert, heißt es, die hätten mehr machen müssen, dabei können die gekämpft haben wie die Wilden und trotzdem verlieren. So was kommt vor. Man kann einen kleinen Fehler machen und verliert das ganze Spiel, obwohl alles andere richtig war. Das ist das Spannende daran. Und deshalb können es die Leute nicht einschätzen.

Wie kamen Sie zum ZDF?

Durch Dieter Gruschwitz, den ZDF Sportchef, und für diese Erfahrung bin ich ihm sehr dankbar. Wir hatten uns damals in Mainz »Bei Willi«, einer Kneipe um die Ecke, kennengelernt, und irgendwann fragte er mich, ob ich mir vorstellen könnte, so eine Art Expertenrolle beim Confed-Cup und bei der WM einzunehmen. Als er sagte, dass ich dadurch an Freikarten kommen würde, war alles klar, denn unsere beiden Jungs waren mir schon die ganze Zeit in den Ohren gelegen, ob ich nicht Karten für sie besorgen könnte.

Ich fand es von Dieter Gruschwitz sehr mutig, einen potenziellen Zweitliga-Trainer, der gerade aufgestiegen war, so zu verpflichten. Ich sagte ihm auch, falls wir absteigen, hätte ich völliges Verständnis, wenn es nicht geht, denn wer will einen deutschen Zweitliga-Trainer im Fernse-

hen sehen, der erklärt, wie die deutsche Nationalmannschaft spielt. Er war jedoch total überzeugt von dem Konzept mit Urs Meier, Johannes B. Kerner und mir. Es war ganz allein seine Idee gewesen, den Fernsehpreis hätte er kriegen müssen. Es war eine großartige Zeit – WM in Berlin. Ulla und ich waren zwei Wochen in Berlin, und die Jungs sind für fünf Tage gekommen. Fünf Tage Volldampf WM Berlin, Wahnsinn. Großartig war das Spiel Holland – Argentinien in Frankfurt. Das war das Spiel, die Jungs wollten unbedingt hin, und wir hatten keine Karten. Schließlich hieß es, wir kriegen sie schon rein, aber sie sollen sich ein bisschen schick anziehen, weil sie durch den VIP-Raum müssen. Da kamen die zwei an in Flip-Flops, kurzen Hosen und Trikots. Marc im Holland-Trikot, und da sitzt Diego Armando Maradona – die beiden haben sich natürlich ein Autogramm geholt. Wenn man mir das 1974 ermöglicht hätte, hätte ich zwanzig Jahre später noch davon geredet. Aber dass die Jungs das erleben durften, freut mich viel mehr, als wenn ich es erlebt hätte.

In der zweiten Woche vom Turnier fingen dann bereits die Vorbereitungen für die Bundesliga an, und ich musste deshalb immer hin und her fliegen.

War das nicht anstrengend, ständig zwischen Berlin und Mainz zu pendeln?

Gar nicht. Vom Haus Mainz bis Berlin Sonycenter eine Stunde zehn. Abgeholt, laufenden Motor, rein ins Auto, Privatmaschine vom kleinem Flughafen Mainz-Finten nach Berlin-Tempelhof, dort laufender Motor rein ins Auto, und da war ich. Ich hätte nie gedacht, dass ich so viele Flüge zurücklegen kann. Das war ein großartiges Erlebnis.

Ist wieder so etwas mit dem ZDF geplant?

Momentan nicht. Das weiß kein Mensch.

Was ist Glück für Sie?

Mein Leben. Solange wir gesund sind, empfinde ich es wirklich als Glück. Man muss einiges tun, um in eine gewisse Situation zu kommen, und wenn man da ist, ist es ganz wichtig, dass man das auch erkennt. Das heißt zufrieden zu sein, mit dem, was man hat und machen darf, und nicht eine Unruhe in sich zu tragen oder gar einen Zwang.

Sind Sie nicht getrieben?

Gar nicht. Ich bin zwar ehrgeizig, aber nicht getrieben. Ich will natürlich das Beste rausholen und gewinnen, aber ich kann auch Niederlagen gut akzeptieren. Wenn du das Spiel richtig verstehst, kannst du es nicht mit hohem Aufwand betreiben, ohne die Möglichkeit in Betracht zu ziehen, zu verlieren. Und wenn du das akzeptiert hast, fühlt sich eine Niederlage zwar schlecht an, und es braucht ein paar Stunden oder einen Tag, bis man es verarbeitet hat, aber dann geht es weiter.

Niederlagen sind auch wichtig, um Erfolge genießen zu können.

Ja, es ist ganz schlimm, wenn man Glück hat und kann es nicht erkennen.

Was ist Luxus für Sie?

Seine Passion ausüben zu dürfen und sich über Geld keine Gedanken machen zu müssen. Ich habe völlig normale Ansprüche, aber es ist noch nicht so lange her, da hatten wir ein Problem, als die Waschmaschine kaputt gegangen ist und der Trockner zu ruckeln angefangen hat. Es gibt natürlich viel Schlimmeres, aber subjektiv empfunden war es schon ein Problem.

Was ist Ihre Schwäche?

Ich befürchte, es gibt so viele, dass es den zeitlichen Rahmen sprengen würde, aber keine ist so groß, dass ich sie nicht tolerieren könnte. Also so als Gesamtpaket bin ich mit mir nicht unzufrieden. Schwächen relativieren sich auch mit der Zeit. Es ist menschlich, dass man das ein oder andere nicht so gut kann, oder dass man manchmal weniger geduldig ist, als angebracht. Ich habe so einen Rahmen meiner Schwächen, in dem ich mich bewege, und ich erwarte nicht von mir, perfekt zu sein.

Wie motivieren Sie die Spieler?

Die Situation beschreiben, wie sie ist. Ich muss nicht Geschichten spinnen wie, man stelle sich vor, man stehe am Fuße des Mount Everest, man nimmt einem die Sauerstoffflasche weg, und wenn du nicht in 5 Minuten oben bist, stirbt deine Familie. Für mich geht es darum, die Wahrheit zu sagen, wie es ist, und warum es so wichtig ist. Ich muss nicht so tun,

als gäbe es auf der Welt nichts Wichtigeres als Fußball. Aber ich muss den Jungs klarmachen, in diesem Moment gibt es für uns nichts Wichtigeres – heute ist Spieltag, heute ist Highnoon. Das ist Motivation. 95 Prozent geben alle, es geht immer nur um die letzten 5 Prozent.

Was war die größte berufliche Herausforderung?

2001 in Berlin nicht aufzusteigen. Das Gefühl zu haben, so eine Chance kommt nie wieder – und dann vor zehntausend Leuten zu stehen, um ihnen etwas zu geben, womit sie leben können. Dass es eben doch nicht der Lebenstraum war, der geplatzt ist, sondern dass wir die Gelegenheit haben, im nächsten Jahr aufzusteigen.

Dieser Tag wurde dann ein Jahr später noch getoppt, als wir das zweite Mal nicht aufgestiegen sind. Das war dann die allergrößte Herausforderung. Erwachsene Männer haben geweint, und zum Glück habe ich damals unbewusst die richtigen Worte gefunden: »Es hat jemand entschieden, dass man einmal hinfallen kann, ein zweites Mal hinfallen kann, vielleicht sogar ein drittes Mal hinfallen kann – aber es gibt nur eine Stadt oder einen Verein in ganz Deutschland oder auf der ganzen Welt, der das hinkriegen kann, und das sind wir.« Dieser Tag hatte dazu geführt, dass wir ein Jahr eine Vollgasveranstaltung haben ablaufen lassen, es war verrückt. Ich hatte den Leuten auch gesagt: »Ab heute gibt es nur noch Fanartikel von Mainz 05. Jeder zeigt, dass er zu dem Verein gehört. Jeder zeigt, dass wir gemeinsam in die erste Liga hochwollen. Wir hören jetzt nicht auf, sondern wir erhöhen alles. Wir geben jetzt noch mal Gas.« Und dann haben wir das im dritten Jahr wirklich hingekriegt. Es ist in der Geschichte des Fußballs noch nie vorgekommen, dass eine Mannschaft zwei Mal hintereinander so knapp scheitert und es im dritten Anlauf dann packt. Nach dem Sieg zu Hause gegen Trier und dem Aufstieg, waren vierzigtausend Leute in der Stadt komplett ekstatisch. Niemand hatte mehr ein Problem, sondern wir sind alle zusammen aufgestiegen. Es war unfassbar. So etwas geht nicht besser.

Wie hatten Sie sich vorbereitet, um den Menschen Mut zu machen, nachdem Sie das zweite Mal den Aufstieg so knapp verfehlt hatten?

Ich bereite nichts vor. Das ist wieder dieser Rahmen, in dem ich mich bewege. Ich kann über das berichten, was ich weiß und was ich kann. Ich verändere dadurch die Welt nicht, und so ist es auch nicht so wichtig. Das nimmt den Druck.

Ich hatte eine Sekunde zuvor noch keine Ahnung, was ich den Leuten sagen würde. Aber als ich die Leute gesehen habe, war mir klar, dass wir es in dieser Konstellation schaffen können. Obwohl es uns schlecht ging, richtig schlecht, wie es kaum schlechter geht, konnten wir daraus Kraft ziehen. Das war ein überragendes Erlebnis.

Aber wie haben Sie es geschafft, die Spieler dermaßen zu motivieren?

Mit ganz vielen verschiedenen Dingen. Ich liebe Gemeinschaftsaktionen, teamfördernde Maßnahmen. In der Bundesliga hatten wir damals sieben Spiele in Folge verloren. Das überlebt ein Trainer normalerweise nicht, er wird längst entlassen. Und dann das achte Spiel gewinnen zu müssen, mit einer komplett verunsicherten Truppe, die sowieso an ihrem obersten Limit spielen muss, um überhaupt in dieser Liga mitmischen zu können, und das jetzt noch komplett ohne Selbstvertrauen. Das ist brutal. Wir hatten T-Shirts machen lassen, Plakate gedruckt und Baseballkappen getragen mit der Aufschrift: JER. Jetzt erst recht! Wir hatten Schweißbänder, denn am Puls ist das Leben. Außen stand so was wie: Wir kämpfen gemeinsam, wir geben niemals auf. Und innen durfte jeder was Persönliches hineinschreiben. Alle trugen so ein Schweißband, und ich hatte ihnen gesagt:»Wenn ihr im Spiel, das Gefühl habt, es geht nicht, dann guckt dem anderen auf den Arm, und ihr wisst, ihr gehört zusammen – ihr schafft das!« Es war unfassbar, wie das funktionierte. Die Jungs haben gekämpft wie die Hunnen. Sport ist eben martialisch, kriegerisch, auch von der Sprache, und man muss nicht so tun, als gebe es das bei uns nicht.

Wie gehen Sie Neues an?

Völlig entspannt. Ich war acht Jahre in Mainz Trainer, und eigentlich hatte man mir jedes Jahr geraten, in die erste Liga zu gehen. Ich hatte schon Angebote, wusste, dass ich irgendwann gehen würde, aber wusste

auch, dass der Zeitpunkt noch nicht gekommen war. Ich war ein junger Trainer, die Leute haben mir dort vertraut, ich war gelassen und fühlte mich am richtigen Ort.

Das bedeutet, nicht hoffen, dass irgendwann was anderes kommt, sondern wissen, es kommt irgendwann was anderes. Und wenn es kommt, bin ich darauf vorbereitet. Das war damals die Situation, und das ist sie heute. Ich nehme das, was kommt, gerne an, kann mir alles vorstellen, aber ich habe nicht das Gefühl, es muss jetzt sein.

Also sind Sie zufrieden und leben im Hier und Jetzt?

Absolut. Allerdings würde ich gerne irgendwann an einem Ort leben, wo das Wetter zu achtzig Prozent schön ist. Ich weiß auch, dass ich nicht ewig Trainer sein werde, sondern irgendwann sage: Dankeschön. Es hat Spaß gemacht, richtig Spaß, aber man muss es nicht übertreiben. (lacht)

Es gibt noch anderes. Seit meinem 15ten Lebensjahr bin ich eingespannt in Fußball. Ulla hat drei Jahre in Kenia gelebt. Sie war fast überall. Ich möchte mit ihr reisen und noch was sehen von der Welt.

Welchen Tipp geben Sie jungen Menschen?

Zuerst nach meinen Neigungen zu suchen, und wenn ich sie gefunden habe, dann richtig Vollgas geben. Alles was man so im Vorbeigehen macht, ist nicht wirklich wichtig, unser Unterbewusstsein reagiert da sehr sensibel, und Einsatz lohnt sich: Je mehr ich gebe, desto mehr bekomme ich zurück. Das Problem ist nur, dass ich es oft nicht so schnell kriege, wie ich es mir wünsche. Außerdem muss ich meinen Einsatz meinen Ansprüchen anpassen, denn höhere Ansprüche als Einsatzbereitschaft führen automatisch zu Unglück. Wichtig ist auch: Was ich mache, mache ich mit Freude, denn ich entscheide jeden Morgen, ob ich das, was ich tue, gerne mache oder nicht. Und wenn ich dann Erfolg habe, Dinge nicht als selbstverständlich zu nehmen, sondern sich eine Demut zu bewahren.

Was können Sie Jungs sagen, die Fußballer werden wollen?

Dass das Training, das sie normalerweise haben, nicht reicht. Sie müssen mehr tun als andere und einen unglaublich hohen Aufwand betreiben. Das ist die einzige Möglichkeit, überhaupt Fußballprofi zu werden. Dabei müssen sie aber mehrgleisig fahren, denn auch frühes Fokussieren auf eine Idee führt nicht automatisch zur Erfüllung.

Monika Gruber

Kabarettistin, Schauspielerin

*Das war ein ganz langer, ziemlich harter
und steiniger Weg, sich selbst zu mögen
und wie eine Schmetterlingslarve die
Hülle abzuwerfen.*

Sind Sie ein Perfektionist?

Jein. Was ich mache, will ich gut machen. Ich bin selten zufrieden mit mir und überlege immer, was ich noch besser machen könnte. Allerdings bin ich niemand, der seine ganze Zeit nur in seine Arbeit investiert. Ich nehme mir Auszeiten, setze mich auch, wenn ich Lust habe, mal in ein Café und schau zwei Stunden die Leute an, obwohl ich eigentlich dies und jenes machen müsste. Ich glaube es ist wichtig, sich Auszeiten zu nehmen – große und kleine.

Was treibt Sie an?

Der Wunsch, besser zu werden. Der Wunsch, irgendwas zu schaffen im Leben, an das sich die Leute vielleicht, wenn ich Glück habe, in zehn oder zwanzig Jahren noch erinnern. Der Wunsch, den Menschen ein Stückchen Freude zu geben. Gestern kam eine junge Frau nach der Vorstellung zu mir und meinte: »Sie machen mein Leben sehr oft leichter.« Das ist ein Geschenk, und dafür bin ich dankbar.

Waren Sie als Kind schon ein Unterhalter?

Ja. Weil ich in der Schule anfangs ein bisschen ein Außenseiter war: Ich marschierte am ersten Schultag im Dirndl, mit Haferlhaarschnitt und Nickelbrille ein, alle anderen hatten schon schicke Benetton-Klamotten und waren fesch, ich hatte einen Schweinsleder-Schulranzen, alle anderen hatten einen von Scout, ich stammte vom Bauernhof, sprach das gescherteste Bayerisch, alle anderen stammten aus gutbürgerlichen Familien. So musste ich mir meinen Platz in der Klasse erobern, und das tat ich, indem ich meine Nachbarn in Latein abschreiben ließ und der Klassenclown war. Das hat gut funktioniert, obwohl ich mich nie in den Vordergrund gedrängt und auch nicht an der Theatergruppe teilgenommen habe.

Klassenclown also, um sich Anerkennung zu holen?
Um diesen Minderwertigkeitskomplex zu kompensieren und dadurch Anerkennung zu bekommen. Aber nicht laut, sondern eher zurückhaltend, weil ich ziemlich schüchtern war.

Nach dem Abitur machten Sie eine Ausbildung und arbeiteten erst mal als Fremdsprachensekretärin. Wieso und wie ging es dann weiter?
Nach dem Abitur habe ich ein halbes Jahr rumgesandelt und wusste gar nicht, was ich machen wollte. Meine Eltern wünschten sich immer, dass ich studiere, aber ich wusste nicht was. Medizin hatte mich zwar sehr interessiert, doch ich dachte mir, bis ich da mal Geld verdiene, bin ich eine alte Schachtel. Ich wollte Geld verdienen und etwas lernen, worauf ich

immer zurückgreifen konnte und mir eine solide Basis verschaffen. Deshalb ging ich auf die Sprachenschule. Anschließend arbeitete ich sechs Jahre in einem Büro, zunehmend frustriert, weil ich das Gefühl hatte, ich würde mein Leben wegschmeißen. Ich war am Ende so verzweifelt in meinem Job und dachte mir: Nein, das kann's nicht sein. Es machte mir gar keinen Spaß, und ich arbeitete mit Leuten zusammen, die sich nicht für mich interessierten und ich mich nicht für sie – eine Verschwendung von Lebenszeit.

Wie haben Sie den Absprung aus dem Job geschafft?

Eines Tages wusste ich, dass ich das machen musste, was ich als Kind schon immer machen wollte: Schauspielerin werden. Ich war mir sicher, dass es irgendwann klappen würde, dachte aber, dass der Impuls von außen kommen würde und irgendjemand auf mich zukäme, der sagt: »Ja Frau Gruber, Sie haben doch das Gesicht, daß wir brauchen für den nächsten Tatort.« Das ist natürlich Schwachsinn, denn das passiert nie. Man muss selbst sein Quäntchen dazu beitragen, muss seinen Arsch hochkriegen und etwas dafür tun. Ich dachte mir, was kann schlimmsten Falles passieren, wenn ich die Schauspielschule anfange? Entweder Sie nehmen mich nicht, oder sie nehmen mich, und ich habe hinterher keinen Erfolg – aber dann hab ich es wenigstens probiert. Das war der Absprung. Ich habe von heute auf morgen den Job gekündigt, ohne zu wissen, ob sie mich auf der Schauspielschule nehmen.

Sie hatten gekündigt, ohne zu wissen, wie es weitergeht?

Das ging zeitlich nicht anders, denn sonst hätte ich noch mal drei Monate dranhängen müssen, und das wollte ich nicht. Ich wollte keine Zeit mehr verlieren, und dann ging alles ganz schnell. Ich war 27 und viel zu alt für staatliche Schulen, wie die Falkenbergschule. Als ich dort angerufen habe, lachten die nur und meinten: »Was wollen Sie denn Frau Gruber? Sie haben doch einen Job, bleiben Sie doch dabei.« Eine private Schauspielschule hat mich dann Gott sei Dank genommen.

Ist es nicht so, dass das Schicksal einen beschützt, wenn man den Mut hat, sich zu verändern?

Ich glaube, dass Mut immer belohnt wird, wenn man für eine Sache kämpft und wirklich mit Herzblut dabei ist. An der Schauspielschule habe ich einige gesehen, bei denen ich mir dachte, das wird nix – unabhängig von Talent oder Intelligenz –, denn es war kein Feuer dahinter – und genauso war es. Ich glaube, du musst brennen für diesen Beruf. Du musst das Gefühl haben, es ausprobieren zu müssen, weil es dich sonst zerreißt. Du musst bereit sein, alles dafür zu tun, sechs Tage die Woche zu kellnern, nicht aufzugeben und daran zu glauben.

Wie haben Sie die Schauspielschule finanziert?

Als Kellnerin. Nach einem Jahr habe ich an der Iberlbühne begonnen, Theater zu spielen, und parallel noch gekellnert. So konnte ich meine

ersten Bühnenerfahrungen sammeln und die Angst vor Kontakt mit dem Publikum verlieren, weil das Publikum dort zum Teil mit einbezogen wird. Ich habe viel gelernt von Georg Meier und bin ihm heute noch dankbar.

Zu seinem 60sten Geburtstag hatte ich dann eine kleine selbst geschriebene Nummer gemacht, nur fünf Minuten über ihn, über sein Theater, seine Hobbys. Unter den Gästen war Helmut Milz vom BR, der mich anschließend fragte, ob ich mir so etwas für das Fernsehen vorstellen könnte, kleine Geschichten und eine Figur, die ich mir selber ausdenken dürfte. Das war die Geburt der Kellnerin Monique bei *Kanal Fatal*.

Somit war es wichtig und machte Sinn, dass Sie als Kellnerin gearbeitet haben?

Absolut. Eine Kellnerin kommt mit den unterschiedlichsten Menschen zusammen aus allen sozialen Schichten, sie kann vom Bikinikauf bis zur großen Weltpolitik über alles reden. Danach kam ich in die Sendung »Der Komiker« zu Günter Grünwald und Andreas Giebel und habe meine ersten satirischen Sachen geschrieben. Die beiden ermunterten mich dann zu einem eigenen Soloprogramm, und Günter versprach mir, dass er in meiner Premiere in der ersten Reihe sitzen und lachen würde. Und so war es auch.

Das bedeutet ja, dass alles fließt, wenn man sein Leben lebt?

Ich glaube schon. Wenn man sich nicht verbiegt. Ich hatte damals ein Theaterstück abgelehnt, weil ich das Gefühl hatte, die Rolle passt nicht so zu mir, und musste dann wieder mehr kellnern. Man muss sich, wenn man seinen Weg beschritten hat, treu bleiben. Ich bekomme viel angeboten, aber wenn ich nicht dahinterstehe, mache ich es nicht. Es ist legitim, sich etwas zu verbiegen, wenn man eine Familie zu ernähren hat. Aber wenn man allein ist, hat man die Freiheit, die Dinge zu machen, hinter denen man voll steht.

Wie entspannen Sie?

Am besten entspanne ich, wenn ich einen Abend für mich alleine hab. Wenn ich nirgends hinmuss, keine Verpflichtungen habe, allein in meiner Wohnung herumkruscheln, einen schönen Film auf DVD ansehen und ein Glas Wein trinken kann. Ein ganz langer Abend also, an dem ich nur Dinge tue, auf die ich Lust habe. Solche Abende sind wie ein Kurzurlaub.

Woher nehmen Sie die Kraft für die Auftritte? Es muss doch sehr anstrengend sein.

Es ist sehr anstrengend, aber ich nehme die Kraft von den Menschen. Wenn ein Auftritt gut war, die Leute sich super amüsiert haben und den Alltag vergessen konnten, gibt mir das die Kraft für den nächsten Auftritt. Im aktuellen Programm »*Zu wahr um schön zu sein!*« wird es zum Ende relativ leise und sentimental, es geht um das Altwerden und Sterben. Und dass ich damit viele Menschen berühre, gibt mir auch wieder Kraft, denn es bestätigt mir, dass ich auf dem richtigen Weg bin: laut, »krachert« und ein bisschen derb, aber auch sentimental.

Also »krachert« mit Tiefgang?

(lacht) Ja zeitweise, aber nicht zu viel.

Wie halten Sie sich denn fit?

Ich ernähre mich gesund. Wie sagt Alfons Schuhbeck: »Die Leute füllen in ihr Auto das teuerste Benzin und auf sich selbst schauen sie gar nicht.« In unserem Beruf ist es sehr wichtig, dass man auf sich schaut, damit man gut aussieht und gesund bleibt. Jetzt, zur Fastenzeit, trinke ich zum Beispiel sechs Wochen gar keinen Alkohol. Außerdem versuche ich, genügend Schlaf zu kriegen und nicht zu viel zu machen. Heuer gehe ich es ruhiger an, spiele vierzig oder fünfzig Vorstellungen weniger als

letztes Jahr und habe ein paar kleine Reisen geplant. Ich brauche den Tapetenwechsel, ein anderes Land, eine andere Sprache und andere Sitten. Ich möchte den Kopf frei haben für neue Ideen, mich nicht überfordern und auch mein Privatleben pflegen.

Wie schaffen Sie es, bei sich zu bleiben?

Indem ich mir diese Auszeiten nehme. Indem ich versuche, mich nicht so wichtig zu nehmen. Indem ich Menschen um mich habe, die mich erden und mir ermöglichen, die Bodenhaftung zu behalten, meine Familie, meine Freunde – Menschen, die mit diesem Beruf nichts zu tun haben.

Dadurch halten Sie eine gesunde Distanz zur Arbeit?

Das ist wichtig. Wenn es gut läuft, ziehen viele Leute an dir, weil sie sehen, dass sich damit Geld verdienen lässt. Man muss schon die Zügel in der Hand halten und wirklich abwägen, was man macht, damit es nicht irgendwann einen Gruber-Overkill gibt. Manchmal geht es mir ein bisschen zu schnell, aber das ist vielleicht mein bäuerlicher Hintergrund.

Sind Sie gläubig?

Ja. Ich bin in einer katholischen Familie groß geworden. Meine Eltern sind sehr gläubig, das hat mich geprägt, und so habe ich von klein auf

gewisse Werte mitbekommen: Nächstenliebe, dass du andere Menschen respektierst, dass du versuchst, niemanden zu verletzen, dass du dich selbst respektierst, deinen Körper respektierst, die Umwelt respektierst, die Tiere respektierst als von Gott geschaffene Lebewesen, und versuchst, dich demütig zu verhalten und dankbar zu sein. Ich bin allerdings momentan sehr am Hadern mit der Institution der katholischen Kirche, da gibt es gerade jetzt sehr viel, womit man als denkender Mensch nicht einverstanden sein kann. Trotzdem bin ich gläubig, denn das schließt sich ja nicht aus. Wenn ich ein demokratischer Mensch bin, muss ich deshalb nicht in der CSU sein. Wenn ich gläubig bin, muss ich deshalb nicht an die Institution der katholischen Kirche glauben. Wie in der Politik sind es auch in der Kirche nur Menschen, die die Gesetze machen – und die Gesetze Gottes sind ja doch immer noch ein bisschen anders.

Also hilft Ihnen Ihr Glaube zu Demut und Dankbarkeit?

Unbedingt. Ich finde es sehr wichtig, gerade wenn man eine Karriere macht oder dabei ist, aufzusteigen, sich Dankbarkeit und Demut zu bewahren. Aber auch unabhängig davon, ob gläubig oder nicht, sollte man sich bewusst machen: Mir geht's verdammt gut, ich habe Glück gehabt, ich bin gesund, ich bin intelligent, ich hab viel Kraft in mir, ich habe Menschen um mich, die ich achte und die mich achten – und

dafür muss ich dankbar sein. Auch wenn ich noch ein Stückchen weitergehen, mich selber noch verbessern, aus irgendeinem Grund vielleicht
noch was ganz anderes in meinem Leben machen möchte, sollte ich
dafür, dass ich es bis hierher geschafft habe, Dankbarkeit empfinden.

Wie arbeiten Sie an Ihrer Persönlichkeit?

Indem ich mir zum Beispiel vor Augen halte, dass das, was ich tue, nicht
das Zentrum der Erde ist. Gerade in diesem Beruf muss man aufpassen, dass einem der Erfolg nicht in den Kopf steigt. Ich sage mir, ich
bin immer noch die von früher, und ich nehme mich nicht zu wichtig.
Das, was ich tue, macht mir Spaß, und es bereitet im besten Fall anderen Menschen Vergnügen – aber es ist nicht das Wichtigste auf der Welt.
Man muss ständig an seiner Entwicklung arbeiten. So versuche ich auch,
mich an anderen Menschen zu orientieren. Vor Kurzem war ich im Programm von Helmut Schleich und war von dem, was er auf der Bühne gemacht hat, tief beeindruckt. Es gibt so viele Leute wie Günter Grünwald
oder Christian Springer, die so grandios und so gescheit sind und trotzdem privat lustig, bodenständig und normal – an solchen Menschen ori-
entiere ich mich. Es gibt mir viel, und ich bin froh und dankbar, solche
Leute kennen zu dürfen. Außerdem ist es wichtig, sich für andere Dinge zu interessieren und nicht nur für den eigenen Beruf. Man ist sehr auf

sich fokussiert, wenn man so viel alleine arbeitet, im Büro sitzt, an seinen Texten feilt und überlegt, was einen bewegt und interessiert – das ist immer nur ich, ich, ich. Um keinen Tunnelblick zu bekommen, muss man über den Tellerrand hinausschauen: Was beschäftigt andere, meine Familie, meine Freunde, was geht in deren Leben vor, was bewegt die gerade?

Viele Menschen meinen, sie müssen sich ausschließlich auf sich konzentrieren, um erfolgreich zu sein?

Das ist, glaube ich, der falsche Weg. Die, die sich nur auf sich selbst konzentrieren, sind eher die unangenehmen Schauspieler und Kollegen, die nur über sich reden und einen beim Sprechen gar nicht anschauen, sondern nur darauf achten, wer sie gerade anblickt. Ich spreche sehr gerne über anderes, über Politik, über Reisen, über alles Mögliche, aber bitte nicht immer über die Arbeit.

Wie wurde aus dem schüchternen Mädchen die selbstbewusste Frau?

Das war ein ganz langer, ziemlich harter und steiniger Weg, sich selbst zu mögen und wie eine Schmetterlingslarve die Hülle abzuwerfen und zu sagen, ich lasse mich nicht mehr von Konventionen einschüchtern, ich akzeptiere mich so, wie ich bin, auch wenn ich nicht perfekt bin. Perfekt ist sowieso langweilig.

Doch dies war ein jahrelanger Prozess und ziemlich schmerzhaft, weil ich oft, vor allem in dem Alter, in dem man Abitur macht, sehr unzufrieden mit mir war und am liebsten, ehrlich gesagt, tot gewesen wäre. Ich habe mich selber gehasst. Ich habe meinen Körper gehasst, ich habe das gehasst, was ich war, und ich wusste nicht, wo ich stand im Leben. Ich war mir nicht sicher, ob ich das jemals schaffe mit der Schauspielerei, ich wusste aber nicht, was ich sonst gerne gemacht hätte. Die Sprachschule war eine reine Notlösung gewesen, und die Jahre danach waren ein ständiges Auf und Ab. Ich habe sehr mit mir gerungen, dahin zu kommen, wo ich jetzt bin, nämlich an einem Punkt, wo ich mit mir selber mehr oder weniger im Reinen bin. Wo ich mir sagen kann, ich akzeptiere mich, wie ich bin, ich bin nicht perfekt, aber ich muss es auch nicht sein. Das möchte ich gerne anderen Menschen vermitteln. Gerade Frauen haben, obwohl sie mittlerweile so viel erreicht haben, ein großes Problem, sich selber zu akzeptieren. Oft sieht man wunderschöne Frauen mit toller Ausstrahlung, die gar kein Selbstbewusstsein haben und gefangen sind in Beziehungen, die sie unglücklich machen. Sie trauen sich nicht, zu sagen, ich möchte so nicht leben, es ist schwierig, mich zu trennen, es wird nicht leicht sein, aber ich tu es. Ich sehe viele Frauen, die nicht glauben, dass sie es schaffen. Dabei haben Frauen viel mehr Power in sich, als sie denken.

Wie haben Sie Ihre Ängste überwunden, Ihren alten sicheren Beruf aufzugeben?

Es war ein stetiger Prozess.

Führte der Leidensweg im Beruf dazu?

Ja. Ich glaube auch, dass man es zu mehr im Leben bringen kann, wenn man einen Leidensweg durchläuft. Kinder, die alles von Anfang an gehabt haben, haben es dann meist doppelt so schwer, es zu irgendwas zu bringen, weil ihnen der Antrieb fehlt. Sie mussten nie Stärke und Kraft aufbringen, um irgendwas zu erreichen oder sich alleine aus dem Sumpf rauszuziehen. Mir hat nie jemand etwas abgenommen. Meine Eltern waren zwar immer da, sie waren der Fels in der Brandung, und ich wusste, wenn es hart auf hart kommt, ich keine Wohnung mehr habe, dann sind sie da. Aber sie haben mich immer machen lassen. Ich war auf mich alleingestellt.

Wie haben Ihre Eltern es aufgenommen, als sie den Beruf abgebrochen und auf die Schauspielschule gegangen sind?

Ganz schlimm. Tragisch natürlich. Für sie war es ein furchtbarer Rückschlag. Sie hatten damals geglaubt, ich befände mich endlich in ruhigen Gewässern, habe einen Beruf, alles läuft so halbwegs in geregelten Bahnen,

und jetzt brauche ich nur noch den Mann zum Glücklichsein, und vielleicht klappt es dann auch noch mit einem Kind. Und dann kam der Rückschlag von hinten. Meine Eltern saßen gerade vor dem Fernseher, als ich ankam und ihnen mitteilte: »Übrigens, ich muss euch was sagen: Ich habe die Stelle gekündigt, weil ich ab jetzt vom Kellnern leben werde, denn ich besuche ab ersten November eine Schauspielschule.« Mein Vater war gelähmt vor Schock, und meine Mutter hat unmittelbar angefangen zu weinen und drei Tage, glaub ich, nicht aufgehört. Schauspielerei war für sie ziemlich nah an der Prostitution und gleich dem Verlust jeder Bürgerlichkeit.

Hatten Sie nicht Schuldgefühle, dass Sie es ihren Eltern nicht recht machen konnten?

Selbstverständlich. So bin ich auch erzogen worden. Ich komme aus einer Familie, in der die Eltern nicht wirklich sagen, das hast du jetzt gut gemacht, du bist ein tolles Kind. Selbst wenn sie es so empfinden, würden sie es nicht sagen. Insofern kämpft man eigentlich sein Leben lang um die Anerkennung der Eltern. Denn dass man das Lob gerade von den Menschen, die einem nahestehen, nicht bekommt, das verletzt einen schon. Das war auch mein Antrieb, und da es für meine Eltern so

schlimm war, als ich diesen sicheren Pfad verlassen habe, ist es jetzt umso schöner, dass sie sich damit abgefunden haben, und dass sie, glaube ich, stolz auf mich sind, obwohl sie es nicht sagen. Das hat mich erst recht bestätigt, dass es absolut richtig war, damals diesen Schnitt zu machen.

Wie ging es Ihnen, nachdem Sie gekündigt hatten? Hatten Sie keine Zweifel?

Ich war mir sicher, dass ich es schaffen würde, weil ich so erleichtert war, dass ich diesen Schnitt gemacht hatte, Konventionen hin oder her, finanzielle Bedenken hin oder her. Meine Eltern dachten, ich sei übergeschnappt. Aber ich wusste, ich habe eine Ausbildung, und wenn alles schiefgeht, kann ich mich mit Kellnern gut über die Runden bringen oder mache eine Espressobar auf. Ich bin ein Mensch, der hart arbeiten kann. Das ist generell wichtig, denn du musst im Leben hart arbeiten, wenn du es zu was bringen willst. Den wenigsten fliegt es zu, und denen es zufliegt, die wissen es nicht zu schätzen.

Ich kann auf vieles verzichten, und wenn ich ein Ziel vor Augen habe, beiß ich die Zähne zusammen und geh da durch. Viele junge Menschen wollen viel haben und nichts dafür tun. Das ist ein wenig das Castingshow-Phänomen. Selbst wer diese Sendung gewinnt und vielleicht ein

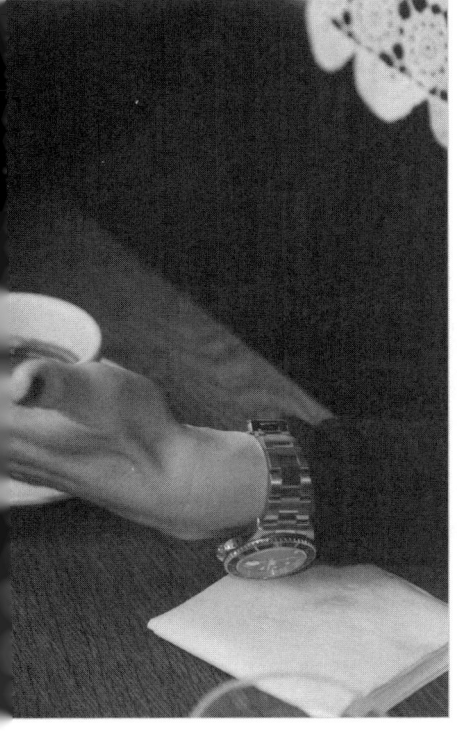

Jahr im Gespräch ist, fällt danach leicht in ein ganz tiefes, ganz dunkles Loch. Natürlich bin auch ich nicht davor gefeit, aber ich bin einen schwierigen Weg gegangen und weiß: Wenn ich nicht mehr 2000 Menschen im Circus Krone sitzen habe, kann ich auch vor 80 Leuten beim Ranzlwirt in Hinterpfuideifl spielen und bin auch happy.

Was war die größte Herausforderung in ihrem Leben?

Der Berufswechsel, dieser krasse Einschnitt mit 27 Jahren, als alle gesagt haben: Mit 27 meint die jetzt, sie wird der große Kabarettstar, und in fünf Jahren wird Sie wieder ins Büro zurückgehen oder kellnern.

Was bedeutet Luxus für Sie?

Luxus ist in erster Linie Zeit. Zeit zu haben für Dinge, die einem Spaß machen, Freunde zu treffen, zu entspannen … Luxus ist für mich aber auch, von schönen Dingen umgeben zu sein. Das habe ich von meiner Großmutter. Sie war eine ganz einfache Bäuerin, die sich alles vom Mund absparen musste. Wenn sie etwas übrig hatte, hat sie sich einen schönen Hut gekauft, den sie in Seidenpapier eingeschlagen und in den Schrank eingesperrt hat und den niemand anfassen durfte. Sonntags ging sie mit Hut in die Kirche, das war ihr Markenzeichen. Sie hat auch ihren Töchtern immer Geld gegeben, damit sie sich ein Kleid schneidern lassen und die passenden Schuhe dazu kaufen konnten. Und so empfinde auch ich schöne Kleidung und schöne Schuhe als Luxus und leiste mir das, weil ich mich darin gut fühle. Kleidung kann sehr viel bewirken: Man kann sich wohler fühlen, weil sie einen wie eine Schutzhülle umgibt und man mit verschiedenen Images spielen kann, heute weiblicher, morgen sportlicher. Auch eine Kosmetikbehandlung oder eine Massage lässt mich in meiner Haut wohlfühlen.

Sich verwöhnen lassen?

Ja. Das mag zwar oberflächlich klingen, aber ich möchte mich ab und zu an einem schönen Glas Wein und an einem guten Essen genauso erfreuen wie an einem schönen Kleid oder an einem Sonnenuntergang.

Was ist Glück für Sie?

Glück kann vieles sein. Glück ist kein Dauerzustand. Viele Leute meinen immer, Glück ist diese ewige Woge, die einen in den Sonnenuntergang bringt, und die muss das ganze Leben dauern. Das ist völliger Quatsch.

Glück ist oft nur ein Moment: Wenn man rausgeht und riecht, dass es Frühling wird, dieser ganz spezielle Geruch, und man spürt, der Winter ist vorbei, und der eine Vogel, der pfeift … Oder diese Viertelstunde, in der ich in der Sonne gesessen bin und meinen Cappuccino getrunken habe, in der war ich glücklich. Es ist wichtig, diese Glücksmomente bewusst wahrzunehmen und wirklich zu genießen. Man darf auch nicht warten, dass das Glück zu einem kommt, sondern man muss sich diese Glücksmomente im Leben selbst schaffen. Damit baut man sich Pfeiler und kann sich von einem Pfeiler zum nächsten hangeln.

Was ist ihre Schwäche?

Schokolade. (lacht)

Und Nein sagen. Früher konnte ich das gar nicht. Egal was es war, ob in der Arbeit oder in Freundschaften, ich hatte immer das Gefühl, es allen recht machen zu müssen. Heute ist es ein bisschen besser geworden, allein schon aus Selbstschutz. Wenn ich weiß, das ist nicht gut für mich, mach ich es nicht. Früher hätte ich es gemacht, weil ich alles unter einen Hut bringen wollte, aus Angst, jemand könnte denken, ich sei überheblich oder mir ist die Freundschaft nicht wichtig. Heute versuche ich, demjenigen zu erklären, warum ich etwas nicht machen will. Auch in

beruflichen Dingen, hätte ich früher gedacht, dass ich etwas nicht ablehnen kann, weil vielleicht nichts anderes mehr nachkommt. Heute weiß ich, dass es genau andersherum ist, wenn man manchmal Nein sagt, dann kommt oft was Besseres nach.

Wie gehen Sie selbst mit einem Nein um?

Mit einem Nein konnte ich früher schlecht umgehen. Wenn ich für eine Rolle abgelehnt wurde, habe ich an mir gezweifelt, heute denke ich mir, es wird schon seinen Grund haben, da kommt was anderes nach.

Auch Kritik habe ich früher sehr persönlich genommen, heute lässt mich Kritik kalt. Es ist ja immer eine subjektive Anschauung, und die beinhaltet vieles. Jeder kann über mich schreiben, was er will, ich weiß mittlerweile, was ich kann und was ich nicht kann, und ich weiß, dass Kritik in jeglicher Form nichts an meiner Arbeit ändert. Ich verkaufe auch keine Karte weniger. Kritik ändert nichts an meinem Leben, und deshalb interessiert es mich nicht mehr.

Wie gehen Sie mit Ihren Fehlern um?

Meine Unpünktlichkeit ist besser geworden. Manchmal fehlt mir die Disziplin. Aber Fehler sind ja irgendwo menschlich, und man muss nicht immer versuchen, alles zu perfektionieren.

Man kann seine Fehler auch mögen?

Manche Fehler mag ich. Zum Beispiel meine Sucht nach gutem Essen und Schokolade, die kultiviere ich.

Welchen Tipp geben Sie jungen Menschen mit?

Niemals aufzugeben, immer an sich selber zu glauben. Dankbar zu sein für alles, was man hat, auch wenn es an Materiellem vielleicht nicht viel ist. Aufstehen zu können in der Früh und sich täglich bewusstzumachen, dass jeder Tag ein neuer Anfang ist. Du kannst den ganzen Ballast, den du mit dir rumschleppst, ab dem Zeitpunkt, wo du die Füße auf den Boden stellst, hinter dir lassen, und alles, was dir gefällt, was dich interessiert heute anpacken. Ich kann heute mit was Neuem beginnen, wenn ich es will. Es ist nie zu spät, mit was Neuem anzufangen, wenn es einem wirklich am Herzen liegt.

Und nie, bei allem was man durchmacht, das Schöne aus dem Blickwinkel zu verlieren. Das Schöne, das es täglich im Kleinen gibt.

Hauptzentrale der Sixt AG,
Pullach

Erich Sixt

Unternehmer

Ich bin nicht Opfer
meiner Überzeugung,
dass ich recht habe.

*Hältst du dich für einen
Perfektionisten?*

Einer meiner großen
Lehrmeister heißt So-
krates, der den wun-
derbaren Ausspruch
kreiert hat »Ich weiß,
dass ich nichts weiß.«
In dem Augenblick, in
dem ich glaube, ich bin
perfekt, bin ich schon
verloren. Es gibt die
Suche nach der Per-
fektion, aber Perfekti-
on wird man nie errei-
chen.

*Doch trotzdem suchst
du nach Perfektion?*

Ja selbstverständlich.
Wir werden angetrieben von der Suche nach der Perfektion, die dann
gleichzusetzen ist mit Erfolg. Wir sind auf der Jagd. Und an dem pro-
fanen Spruch, dass der Weg das Ziel ist, ist sicherlich viel dran.

*Du hast bereits mit vierundzwanzig Jahren die Firma von deinem Vater
übernommen. Was war denn die Voraussetzung dafür?*

Mein Vater war Anfang der Sechzigerjahre aus gesundheitlichen Gründen in die Karibische See nach Barbados gezogen. Zu jener Zeit ging es
dort noch ziemlich einfach zu, doch für ihn war es eine Wunderkur, die
ihm ein langes Leben bescherte. Seitdem hielt er sich nur noch ein paar
Monate im Jahr in Deutschland auf, und so stand ich ziemlich plötzlich
und der Not gehorchend in der Verantwortung für die Firma.

*Du warst zu der Zeit noch mitten im Studium und musstest es wohl
abbrechen?*

Ja, und es war mir ehrlich gesagt gar nicht so unrecht, dass ich einfach
ins Wasser hineingeworfen wurde und beginnen musste zu schwimmen.
Ich empfand das Studium als extrem langweilig, weil realitätsfern.

Du hast hier in München an der LMU studiert?

Ich hatte Betriebswirtschaft studiert. Diese fünf, sechs Semester waren ziemlich trostlos und sind es heute noch. Da hat sich nicht viel geändert. Es ist grauenhaft, was den Studenten in Deutschland an Wissen vermittelt wird, und ich begriff schon damals, dass die Betriebswirtschaftslehre auf tönernen Füßen steht.

Auf tönernen Füßen – wie ist das zu verstehen?

Die Betriebswirtschaftslehre basiert auf dem einfachen Axiom, dass der Mensch rational ist und ich sein Verhalten berechnen kann. Doch das ist ein Trugschluss. Der Mensch ist nur teilweise rational. Er wird getrieben von unzähligen Dingen, die ihn zu Handlungen zwingen, die zutiefst irrational sind, und die ich eben nicht berechnen kann. Somit ist die gesamte Lehre, wie sie in Deutschland betrieben wird, falsch.

Du empfiehlst jungen Menschen, im Ausland zu studieren?

Ja. Das ist ein himmelweiter Unterschied. Meine Söhne haben im Ausland studiert. Sie mussten zum Beispiel jede Woche einen spontanen Vortrag halten, vor Hunderten von Menschen. Sie bekamen ein Thema vorgesetzt und mussten die Zuhörer überzeugen. Darauf würde eine deutsche Uni niemals kommen, dabei ist das eine Eigenschaft, die man im realen Wirtschaftsleben wirklich braucht.

Du warst bereits vor dem Studium für die Firma Sixt in Frankreich tätig. Wie kam es dazu?

1962 unterbreitete mir mein Vater einen tollen Geschäftsvorschlag: Ein amerikanischer Partner wollte amerikanische Touristen nach Europa bringen, und wir wollten die Fahrzeuge zu einem Einheitspreis an die Amerikaner vermieten. Als 18-Jähriger war ich damals natürlich begeistert und überzeugt, dass dies zu schaffen sei. Wir nahmen die Reservierungen an, doch zu den Preisen, die wir vereinbart hatten, funktionierte das nicht, und wir zahlten erheblich drauf. Am schlimmsten war es in Frankreich. Die Amerikaner reisten wie verrückt nach Paris, aber wir hatten dort keinen Partner gefunden und standen vor einem gewaltigen Schadensersatzrisiko. Damals ging es tatsächlich um die Existenz der Firma Sixt, denn das hätte das Unternehmen vernichtet.

Wie gelang es euch, die Firma zu retten?

Ich setzte mich nach Paris ab und vermietete die Fahrzeuge selbst, alle mit deutschem Kennzeichen, was noch erschwerend dazukam.

Zu jener Zeit waren die Nachkriegsanimositäten gegen Deutsche auch noch groß.

Franzosen konnte ich nicht mit einbinden, und so war ich eine One-Man-Show: Ich musste die Autos waschen, zum Flughafen bringen und an die Amerikaner übergeben.

Es gab keinen Flughafenschalter und auch keine EU, alles musste verzollt werden. Wo heute vielleicht zehn, fünfzehn Leute arbeiten, war ich ganz alleine.

Ging das nicht an die Grenzen?

Ja, fünf Monate fast ohne Schlaf gingen an die physischen Grenzen. Aber das war wichtig, denn es prägte mein Leben und zeigte mir, welche Fähigkeiten in mir stecken.

Das war sehr spannend und sehr lehrreich. Ich lernte vor allem, dass man nur einen Bruchteil von den Fähigkeiten, die man hat, ausnutzt. Erst die Not lässt jemanden Dinge machen, die man sonst gar nicht für möglich hält.

Du hast den Amerikanern nicht nur Autos vermietet, sondern ihnen auch einiges abgeschaut?

Ich habe von den Amerikanern den Leasinggedanken abgeschaut. In Deutschland gab es damals kein Leasing, und als ich 1969 voll in die Firma einstieg, begann ich damit. Ich verstand zwar nicht viel von Leasing, aber manchmal hilft es, wenn man jung ist: So habe ich an Firmen ein Telex geschickt mit dem Vorschlag, ihnen ihre Fuhrparksorgen abzunehmen. Dann rumpelte ich bei Krauss-Maffei rein, und dort meinte so ein älterer Urbayer, dass er mir seinen Fuhrpark anvertrauen wolle. Dieses Vertrauen war enorm wichtig, denn es läuft viel mehr auf Vertrauensbasis, als die Menschen wahrhaben wollen. Man muss einem anderen Vertrauen schenken, dann bekommt man es auch wieder zurück.

Du bist ja auch ein IT-Spezialist. Programmierst du noch immer eure Software?

Heute nicht mehr, aber früher, Mitte der 70er Jahre schon, der Not gehorchend. Wenn du das Problem kennst, bist du schneller und leistest so viel wie fünf Programmierer.

Bist du ein Bauch- oder ein Kopfmensch?

Ich bin natürlich ein Kopfmensch, denn wer sich nur aus dem Bauch heraus entscheidet, ist zum Untergang verurteilt. Allerdings gibt es unzählige Entscheidungen, die man mit dem Kopf nicht bis zum Schluss denken kann, und dann muss man am Ende eines Denkprozesses den Mut haben, eine Bauchentscheidung zu treffen, weil eine Entscheidung ja immer in die Zukunft geht. Wobei die Bauchentscheidung wiederum dadurch zustande kommt, dass in deinem Gehirn unzählige Erfahrungen gespeichert sind, die im Unterbewusstsein ruhen und die dir helfen, deine Entscheidungen zu treffen, indem du sie quasi abrufst. Doch nichts ersetzt vorher kritisches Denken. Und nun kommt Karl Popper, mein zweiter Lehrmeister, der auf Sokrates aufbaut und einer der größten Denker der Geschichte ist. Popper hat die Wissenschaften neu definiert, indem er uns etwas ganz Wichtiges lehrt. Wir stellen im Leben ständig Hypothesen auf und suchen instinktiv Belege für die Richtigkeit unserer Hypothesen. Poppers Wahrheit ist ganz einfach: Wir müssen umgekehrt denken; also nicht versuchen, die Richtigkeit unserer Hypothesen nachzuweisen, sondern danach zu forschen, warum sie falsch sind. Und das geht gegen unseren Instinkt.

Somit hinterfragst du ständig deine Entscheidungsgrundlagen?

Extrem kritisch. Eines der großen Übel in uns ist der Glaube, dass wir recht haben und der andere unrecht. Immer wieder versuchen wir dem anderen beizubringen, dass wir im Recht sind, und verzeihen ihm nicht, wenn er anderer Meinung ist. Wir müssen den Mut aufbringen zu sagen: Mensch, du hast vielleicht recht, und ich habe vielleicht unrecht.

Wie gehst du selbst mit Widerspruch um?

Ich bin nicht begierig zu hören, warum ich richtig liege, sondern ich folge Popper und bin interessiert daran zu hören, warum ich nicht recht habe.

Nur das bringt uns voran. Denn in vielen Fällen habe ich natürlich nicht recht, sondern glaube es nur. Diese Denkweise müssen wir üben, denn sie ist nicht so schnell mal lernbar, sondern sie bedarf eines ständigen Wachseins und eines ständigen Überprüfens.

Reflektion und sich selbst beobachten?

Ja. Ich bin nicht Opfer meiner Überzeugung, dass ich recht habe. Diese Entdeckung Poppers, die zunächst mal trivial erscheint, es aber überhaupt nicht ist, haben seltsamerweise wenige verinnerlicht. Ein relativ kleines, aber sehr wichtiges Büchlein ist »Das Elend des Historizismus«. Darin kommt Popper zu dem Schluss, dass die Zukunft wirklich offen ist. Sein Buch »Die offene Gesellschaft und ihre Feinde« beschäftigt sich auch ausführlich mit der Frage des Prognostizierens. Wenn ich also nicht in der Lage bin, die Zukunft zu berechnen, aber Entscheidungen, die ich treffe, ständig in die Zukunft gerichtet sind, dann kann ich das, wie schon gesagt, mit meiner Ratio nicht endgültig beantworten und muss aus dem Bauch heraus eine Möglichkeit wählen. Und dann ist eines wichtig: Handeln. Das heißt, ich muss dann so tun, als wäre dies jetzt die absolute Wahrheit, weil ich im Moment keine bessere habe. Dann stehe ich voll hinter meiner Entscheidung und setze sie konsequent um.

Und wenn du bemerkst, dass es ein Fehler war? Wie gehst du mit Fehlern oder sogenannten Niederlagen um?

Du musst bereit sein, zurückzufahren. Nachdem ich vorher falsifiziert, nachgedacht und meine Bauchentscheidung getroffen habe, handle ich zwar so, als wäre ich unfehlbar und marschiere konsequent meinen Weg, aber gleichzeitig bin ich stets bereit, sie zu verwerfen. Auch Einstein sagte, wenn auch nur ein Experiment aufzeigt, dass meine Relativitätstheorie falsch ist, werde ich sie in dieser Sekunde komplett verwerfen und alles vergessen. Das ist das Bekenntnis: Ich bin immer bereit, meinen Fehler zu akzeptieren und dementsprechend meine Verhaltensweise radikal zu ändern.

Du haderst nicht mit deinen Fehlern?

Ja selbstverständlich. Wir machen alle Fehler. Das Kunststück besteht darin, wie wir damit umgehen. Das ist ja auch im menschlichen Zusammenleben, nicht nur in der Wirtschaft wichtig, dass wir erkennen, dass wir alle fehlerhafte Geschöpfe sind, und dass wir uns unsere Fehler verzeihen müssen. Und auch hier wäre der menschliche Umgang einfacher, wenn wir bekennen würden, dass wir fehlerhaft sind. Und wenn der andere die gleiche Haltung hat, dann hätten wir ein vernünftiges Miteinander.

Also bist du nicht nachtragend?

Nein, die Menschen sind Getriebene von den Genen, der Erziehung, der Umwelt, und der Verstand kann diesen Abdruck immer nur bedingt korrigieren. Warum also soll ich Menschen etwas nachtragen? Ich muss versuchen, zu verstehen, was sie zu einer Handlung getrieben hat.

Was würdest du als deine Schwäche bezeichnen?

Meine Schwäche ist wahrscheinlich die, dass ich das, was ich predige, selbst nicht immer einhalte. Wenn ich dir jetzt einen Vortrag halte, wie ich Fehler toleriere, ist das meine ehrliche Überzeugung, und ich ver-

suche danach zu leben. Aber man ist selbst auch nur Mensch. Ich habe unzählige ungerechte Handlungen durchgeführt, sozusagen wider besseres Wissen, einfach aus Emotionen heraus, die man manchmal nicht so schnell steuern kann. Dann ist man eben nicht mehr der rationale Mensch, der sagt, ich verzeih dir deine Fehler. Ich sage ja, man muss ein Leben lang üben.

Bist du ungeduldig?

Sicher. Wenn Menschen meinen Erwartungen nicht entsprechen, habe ich wenig Geduld. Auf der anderen Seite hege ich Sympathie für Menschen, die etwas bewegen und handeln, und sehe die wahrscheinlich eine Spur zu positiv. Ich bin im Zweifelsfall für Handeln. Das ist unternehmerisch eine wichtige Eigenschaft.

Glaubst du an Gott?

Ich bin nicht religiös. Es ist mit der Theologie wie mit der Betriebswirtschaft. Sie basiert auf einem Axiom, nämlich dass es einen Gott gibt. Aber wenn es keinen gibt, dann ist alles vergebens.

Glaubst du an Schicksal?

Nein. Der Glaube an das Schicksal führt zu einer für mich furchtbaren fatalistischen Haltung. Wir müssen das, was in uns steckt, herausarbeiten, und da würde das Schicksal furchtbar stören. Ich mag das Wort überhaupt nicht.
Statt Schicksal könnte man sagen, Aufgaben, die einem das Leben stellt. Das gefällt mir viel besser. Eine solche Sicht würde ich sofort hundertprozentig unterstreichen, weil du ständig vor Aufgaben gestellt wirst.

Was erwartest du vom Staat?

Nicht viel. Ich habe ein gestörtes Verhältnis zum Staat und halte es wie die Amerikaner, die sagen, der Staat hat eine einzige Aufgabe: deine Freiheit zu schützen.

Da werden wir ja heutzutage immer mehr beschnitten.

Ja natürlich. Der Staat hat sich zu einem Moloch entwickelt, der uns in einem Würgegriff hat. Dabei haben wir eine subjektive Freiheit, und das ist sehr, sehr wichtig, denn nur in Freiheit und indem wir uns selbst erschaffen, werden wir zu glücklichen Menschen.

Aber viele Menschen erwarten vom Staat, dass er sie auf allen Wegen beschützt, und so driften sie in eine komplett falsche Richtung. Ich bin logischerweise ein großer Feind dieses Fürsorgestaates. Damit nimmt der Staat dem Menschen sehr viel, denn noch mal: Der Mensch hat so viele Fähigkeiten in sich, die er gar nicht kennt. In dieser kurzen Zeitspanne, die wir auf diesem wunderbaren Planeten verbringen, sollten wir versuchen, die Fähigkeiten, die in uns stecken, herauszuarbeiten. Doch der Staat lehrt uns nicht, dass wir frei sind. In New York erklärt dir der Taxifahrer: I am a free man in a free country. Man kann zum Teil Kritik an den USA üben, aber dass der Amerikaner daran glaubt, dass er allein für sein Schicksal verantwortlich ist – das gefällt mir.

Von Freiheit hört man momentan in der Politik in Deutschland wenig.

Politiker müssen den Menschen folgen, um wiedergewählt zu werden. Und nach der Allensbach-Umfrage zieht heute die Mehrheit der Deutschen Gleichheit der Freiheit vor. Die Menschen sind wieder Gleichheitsfanatiker und jagen diesem Begriff »soziale Gerechtigkeit« nach, der für mich ein sinnloses Wort ist. Der Deutsche arbeitet mit 50 % Kapazität, weil er in dieses Korsett eingebunden ist und sich nicht entfaltet. Das Bedauerliche ist, es wird ihm nicht bewusst.

Dieses Korsett beginnt wohl schon in der Schule.

Das geht im Kindergarten los. Die Kinder lernen, sich anzupassen. Widerspruch und Kreativität werden nicht gefördert, und das geht dann unerbittlich weiter.

Was in den letzten Jahren schlimmer geworden ist.

Natürlich ist es schlimmer geworden, weil wir immer perfekter werden und der Staat immer mehr Beamte unterhält und immer mehr Verordnungen und Gesetze hervorbringt. Er versucht, jeden auch noch so kleinen Schritt zu regeln und zu kontrollieren. Dadurch verlieren wir auch den Sinn dafür, was das Leben ist: nämlich ein großes Abenteuer. Stattdessen wiegen sie uns in der trügerischen Illusion, wir seien versorgt und versichert gegen alles.

Hast du denn jemals mit dem Gedanken gespielt, aus Deutschland wegzugehen?

Ich würde eine Menge Steuern sparen, wenn ich wegginge, habe aber nie im Leben daran gedacht, dass man wegen Steuern ein Land wechseln sollte. Das halte ich für falsch.

Du lebst gerne hier in München?

Ja. Ich fühle mich hier verwurzelt. Und ich glaube, der Mensch braucht Wurzeln und eine Heimat. Wie ich sagte, wir sind nicht nur rationale Geschöpfe.

Wann hast du Glücksgefühle?

Glücksgefühle hat man ja immer nur kurze Sekunden. Die kannst du ganz simpel haben: Du fährst mit deinem Fahrrad frühmorgens die Isar entlang, siehst die Berge vor dir und die Sonne aufgehen. Und dann sitzt du an einem wunderschönen Sommertag in einem Biergarten unter

einer Kastanie und hast eine Maß Bier vor dir stehen – und du lebst. Was brauchst du eigentlich mehr? Und auf meinem Radlweg gibt es halt viele Biergärten.

Setzt du dich auch schon mal alleine in den Biergarten?

Ja. Ich stand einmal vor einer schwierigen betrieblichen Entscheidung, wo es um viele Millionen ging. Weißt du, was ich gemacht habe? Ich bog mit dem Auto ab, habe angerufen, dass es später wird, und hab mich in den Biergarten gesetzt, unter eine Kastanie, und habe mir gesagt, jetzt trinkst du erst mal eine Maß Bier und kommst zur Ruhe.

Somit hast du dir die Kraft aus den Wurzeln geholt.

Es war faszinierend. Ich habe danach eine richtige Entscheidung gefällt, und dabei half mir – so glaube ich – die Verwurzelung.

Du fliegst selbst. Ist das Fliegen für dich auch ein Gefühl von Freiheit?

Ja, ich empfinde es so. Das bringt ein Gefühl von Freiheit und zugleich grenzenloser Einsamkeit, das ist ungeheuer. Über den Wolken begreift man, wie furchtbar wichtig wir Dinge nehmen, die gar nicht wichtig sind. Früher flog ich einmal im Jahr sogar ganz alleine über den Atlantik, nur um das Gefühl der Freiheit noch viel intensiver zu entwickeln.

Es gibt fast nichts Schöneres als so ein Nachtflug über den Atlantik – weg von den Verkehrsstraßen, wenn der Funkverkehr erlischt, dann dimmte ich die Instrumente, es brummten nur noch die Motoren – und über mir ein Sternenhimmel in einer Pracht und Klarheit, wie man ihn nur über dem Nordatlantik findet.

Wahrscheinlich ist es dieses Einswerden mit dem Universum, das die Dinge wieder in die richtige Perspektive setzt.

Vor was hast du Angst?

Angst kenne ich eigentlich nicht. Seltsamerweise … Jedenfalls ist es mir nicht gegenwärtig.

Hast du keine Angst zu versagen?

Ich glaube der Mensch, der Angst hat, macht einen Fehler, denn dann hat er nicht genug an sich gearbeitet. Die Angst wird geringer, wenn der Mensch viele der Dinge beherzigt, über die wir gerade gesprochen haben.

Wie hast du an dir gearbeitet?

Ständig und permanent, indem ich alles kritisch hinterfrage. Und ich lese viel. Nachts.

Heute nehmen sich viele Menschen einen Coach.

Dem misstraue ich. Man muss an sich selber glauben. Und noch mal: Wir haben so viele Fähigkeiten in uns. Und die müssen wir ausloten und üben, an unsere Grenzen zu gehen.

Glaubst du an Wiedergeburt?

Nein.

Dann ist es aber schwerer, das Leben loszulassen.

Den Tod muss ich akzeptieren als mein natürliches Ende. Wenn du Angst hast vor dem Tod, bist du nicht fähig, ein erfülltes Leben zu führen.

Hast du dich viel mit dem Tod beschäftigt?

Selbstverständlich. Allein schon durch die Philosophie. Es ist ja seltsam, dass wir existieren. Woher kommen wir? Wohin gehen wir? Gibt es eine Freiheit? Das Einzige, was dir gehört, ist der Augenblick.

Welches Rezept hast du für eine gute Ehe?

Toleranz. Und jeder muss sein Leben mitgestalten, und man darf nicht zu sehr aneinander klammern.

Ist das nicht schwierig, zumal ihr auch beruflich verbunden seid?

Wichtig ist natürlich eine klare Abgrenzung der Aufgabenbereiche, auch wenn wir alle wichtigen Entscheidungen gemeinsam besprechen. Regine ist jedoch maßgeblich an dem Erfolg des Unternehmens beteiligt. Sie ist Vice President Internationales Marketing und hat ein enormes Netzwerk aufgebaut. Dies nützt sie auch für ihr soziales Engagement; mit der Regine Sixt Kinderhilfe e.V. unter dem Motto »Tränchen trocknen« fördert und baut sie Kinderkrankenhäuser und Kinderhospize in den allerärmsten Ländern in Afrika.

Was ist für dich wichtig, deinen Söhnen mitzugeben?

Zunächst ist wichtig, dass man nicht versucht, sie irgendwie zu formen. Du kannst deine Überzeugung schildern, aber niemals auch nur im Ansatz Lehrmeister spielen. Das hat aber wieder mit Freiheit zu tun. Der Mensch muss sich selbst finden.

Aber kleine Kinder brauchen Regeln.

Ja, aber die sind minimal. Das hat auch wieder etwas mit Freiheit zu tun. Wenn Kinder deine Freiheit beeinträchtigen, dann musst du ihnen Grenzen aufzeigen. Deine Freiheit endet dort, wo die Freiheit des anderen beginnt.

Was hältst du von der jungen Generation?

Die junge Generation ist vollkommen unbefangen – phantastisch! Sie ist offen, pragmatisch, ideologiefrei, begegnet sich entspannt. Das konnten die Deutschen früher nicht. Sie waren zwar enorm tüchtig, aber nicht fähig, sich Menschen zu öffnen. Die neue Generation hat sicher auch Schwächen, wie jede Generation, aber sie ist eine der tollsten Generationen, die ich erlebt habe.

So schnell denkst du noch nicht ans Abtreten?

Ich arbeite so lange weiter, so lange ich fähig bin, Selbstkritik zu üben.
Du musst in dem Augenblick aufhören, in dem du spürst, dass du nicht
mehr kritikfähig bist.

*Wie kannst du das feststellen, wenn du bereits nicht mehr kritikfähig
bist?*

(lacht) Du musst den Mut haben, zu fragen: Werde ich jetzt stur? Ich frage zum Beispiel meine Söhne. Einer der großen Irrtümer ist, dass man
glaubt, Menschen werden mit zunehmendem Alter weiser. Sie werden
mit zunehmendem Alter sturer. Sie glauben dann, dass sie alles gelernt
haben, und sind somit die Besserwisser.

Für mich gibt es kein Pensionsalter. Der Staat geht ja auch schon den
richtigen Weg, er setzt es auf 67 rauf, aber das war mir vorher schon klar.

Wir altern immer mehr, und die Deutschen sterben sozusagen aus. Bald wird das Pensionsalter 70 sein. Das lässt sich mathematisch gut vorausrechnen.

So etwas kann man also doch berechnen?
Vorsicht, Vorsicht. Auch hier liegt ein Trugschluss zugrunde. Natürlich weiß man es für die nächsten zwanzig Jahre, wenn man davon ausgeht, dass sich nichts tut. Doch das Problem ließe sich lösen: Wir müssten einfach viel mehr Einwanderer in das Land lassen, die Fähigkeiten haben – Hochbegabte. Die könnte das Land unglaublich gut gebrauchen. Man sieht es in den USA und in Kanada, wo sie nicht jeden reinlassen. Doch da wehrt sich bei uns das Gerechtigkeitsempfinden, denn es geht ja nicht, dass man nach Fähigkeiten auswählt ... Wir sind halt Opfer des sozialen Gerechtigkeitswahns in Deutschland.

Es gibt keine Gerechtigkeit für dich?
Natürlich nicht. Die sogenannte soziale Gerechtigkeit ist bei uns ein Tabuthema – und es ist immer gefährlich, wenn Begriffe Tabuthemen sind. Wenn du heute sagst, ich bin nicht sozial gerecht, bist du ja schon ein neoliberaler Kapitalist. Ich jedenfalls bin ein klassischer Liberaler und stehe auch dazu. Mit dem Wort sozial kann ich nichts anfangen. Es soll mal einer erklären, was soziale Gerechtigkeit ist. Das ist zutiefst subjektiv.

Und subjektiv gesehen, was ist deine Definition von deinem persönlichen Glück?
Glücklichsein in Momenten. In Gesprächen, die wunderbar sind, die glücklich machen. Und manchmal bist du auch einfach so glücklich, stehst auf und weißt gar nicht, warum du glücklich bist – ein wunderschöner Tag. Auch das gibt es. Und zwar umso häufiger, je optimistischer du bist und je mehr du daran glaubst, dass du selbst verantwortlich bist. Aus der Verantwortung heraus kommt dein Glücksgefühl.

Monty Roberts

Pferdeflüsterer

*Mein Ziel ist, die Welt zu einem besseren
Ort zu machen – nicht nur für Pferde,
sondern auch für Menschen.*

Monty, du hast wilde Mustangs in der Wüste beobachtet und dabei die nonverbale Sprache der Pferde entdeckt. Du hast als junger Mann in berühmten Hollywoodfilmen mitgespielt, Weltmeisterschaften in mehreren Disziplinen gewonnen und drei Universitätsstudien absolviert. Deine Bestseller wurden von rund 12 Millionen Menschen gelesen, du hast dein gewaltfreies Pferdetraining vor 2 Millionen Zuschauern auf der ganzen Welt vorgeführt, arbeitest mit großen Unternehmen weltweit, mit Gefängnisinsassen, Schulkindern, Aborigines ... um zu beweisen, dass Gewalt keine Lösung ist. Außer euren eigenen drei Kindern hast du zusammen mit deiner Frau Pat auch noch 47 Pflegekinder großgezogen. Bist du ein Perfektionist?

Ja, ich bin ein Perfektionist. Aber ich glaube und hoffe, ein Perfektionist mit Gewissen zu sein. Das heißt, ich versuche zwar, perfekt zu sein, aber ich erlaube mir keine Mogeleien und keine bequemen Abkürzungen. Meine Ärzte wollten, dass ich wegen meines Diabetes und meines Bluthochdrucks 20 Kilo abnehme, und boten mir an, mit appetitzügelnden Substanzen ein bisschen nachzuhelfen. Doch das kam für mich nicht infrage. Ich habe ganz ohne Medikamente in rund 150 Tagen 20 Kilo abgenommen, und jetzt ist mein Blutdruck wieder in Ordnung. Nenn mir ein Ziel, und ich präsentiere dir die Resultate. Aber ich tue es auf meine Weise - ehrlich.

Dein Vater war ein sehr gewalttätiger Mann. Er hatte dir 71 Knochen gebrochen, als du noch nicht mal 12 Jahre alt warst. Wie hast du es geschafft, nicht genauso brutal zu werden wie er und die Kette der Gewalt zu durchbrechen?

Die Pferde haben mir gezeigt, dass Gewalt immer auf einen selbst zurückfällt. Außerdem gab es zwei Menschen in meinem Leben, die mir beigebracht haben, dass Gewalt nicht der richtige Weg ist: meine großartige Lehrerin Schwester Agnes Patricia und Bill Dorrance, ein sehr kluger Pferdetrainer.

Wo liegt in deinen Augen der Hauptgrund für Gewalttätigkeit?

Jeder Mensch, der Angst hat, neigt dazu, Gewalt anzuwenden. Die meisten Schlägertypen in der Schule sind Feiglinge. Sie werden gewalttätig, weil sie insgeheim Angst haben. Mit der Zeit werden sie immer brutaler. Und wenn sie dann sehen, dass sie die anderen Kinder damit einschüchtern können, benutzen sie Gewalt als Machtmittel.

Warum ist dein Vater so gewalttätig geworden?

Das ist eine erbliche Veranlagung, die es in unserer Familie schon seit vielen Generationen gibt. Alle in unserer Familie waren gewalttätig. Und das ist dann eben auch der erste Eindruck, den man als Kind mitbekommt, wenn man in so einer Familie aufwächst: dass einem gar nichts anderes übrig bleibt, als Gewalt anzuwenden.

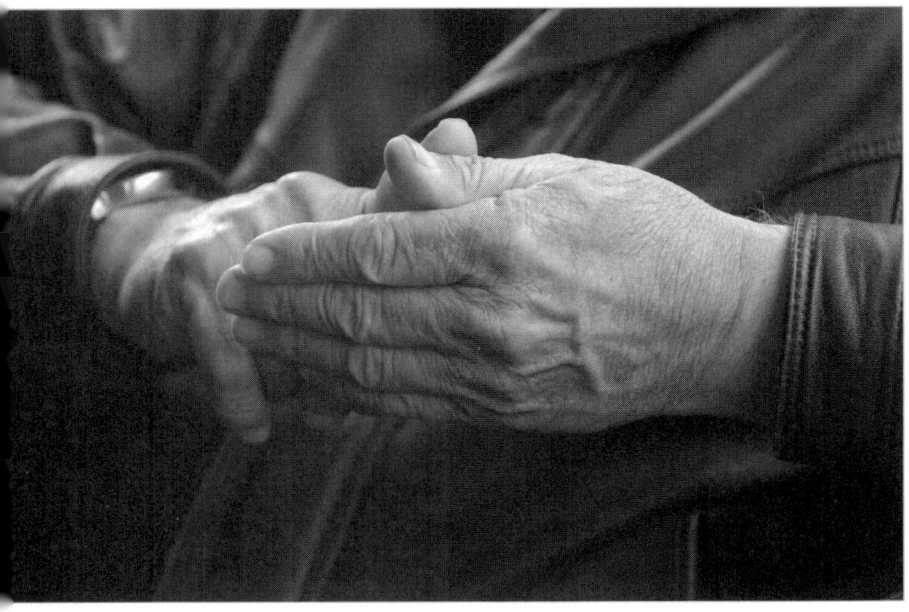

Wo liegen deine Schwächen?

Mein allergrößter Schwachpunkt ist wahrscheinlich, dass ich zu sehr an Menschen glaube und nicht erst mal abwarte, um zu sehen, ob sie sich auch wirklich korrekt verhalten. Ich vertraue anderen Menschen bedingungslos und falle ihnen dann zum Opfer, weil sie mir gegenüber nicht fair sind. So etwas passiert mir immer wieder. Und es hat mich schon Millionen Dollar und eine Menge emotionaler Konflikte gekostet – nur weil ich immer wieder denke: Diese Leute sind es wert, sie werden sich schon noch ändern und alles richtig machen … Und am Ende bin ich dann doch wieder der Dumme.

Meinst du damit auch einige deiner 47 Pflegekinder?

Ja, genauer gesagt: sieben von ihnen. Um die tut es mir sehr leid. Vielleicht werden manche Leute jetzt sagen: Nur sieben, das ist doch nicht so schlimm; insgesamt waren es schließlich 47 Kinder. Aber an diese sieben denke ich sehr oft, denn sie haben mir sehr wehgetan. Und die anderen 40 … Eigentlich sollte ich mich mehr auf sie konzentrieren und nicht so viel über meine negativen Erfahrungen nachdenken. Das ist wie, gesagt, das größte Problem bei mir: dass ich zu sehr an Menschen glaube.

Was mich noch an mir ärgert, ist mein völliger Mangel an technischer Begabung. Bei mir funktioniert einfach überhaupt nichts: weder das Telefon noch der Schlüssel, der irgendwie nicht in die Tür reinpassen will … Das ist manchmal schon ziemlich peinlich. Ich gehe irgendwo hin

und versuche mir eine Kanne Tee zu machen, und nicht mal das kriege ich hin. Jedes neunjährige Kind kommt besser mit den praktischen Dingen des Lebens zurecht als ich.

Meinst du damit die moderne Technik?

Jede Art von Technik.

Aber mit dem Zaumzeug, da kennst du dich aus?

(lacht) Daran ist auch nichts besonders Technisches. Mit den psychologischen und biologischen Seiten des Lebens habe ich keine Probleme, und da halte ich mich auch am liebsten auf: in der freien Natur, umgeben von den Realitäten des Lebens. Aber gib mir irgendwas von Menschenhand Gemachtes, und ich bin aufgeschmissen – damit kann ich einfach nicht umgehen. Ich habe jetzt ein Auto, das vier Jahre alt ist. Vier Jahre – das ist für mich noch sehr neu. Dieses Auto hat alle möglichen Extras; aber ich sage immer: Verschont mich mit diesem ganzen Zeug; ich will nur, dass das Auto starten und fahren und bremsen kann. Bei mir muss immer alles ganz simpel sein. Deshalb ist es auch nicht besonders spannend, mit mir essen zu gehen, denn die Leute wollen immer über alle möglichen Sachen mit mir reden, von denen ich nichts verstehe. Es ist schon manchmal ein Problem, wenn man so ist. Aber was soll's – immerhin bin ich trotzdem 74 Jahre alt geworden, und wenn ich mir die Leute heute so ansehe, brauche ich mich nicht mehr für die Dinge zu entschuldigen, die in meinem Leben nicht funktioniert haben, denn eine ganze Menge hat ja doch ziemlich gut funktioniert. Ich bin nun mal das, was ich bin – gewissermaßen bin ich eine Person des öffentlichen Lebens, jeder kennt mich und weiß, was ich mache. Aber wenn man mich an meinem Verhalten misst – menschlich gesehen, meine ich –, bin ich ein anständiger Kerl. Ich meine es mit allen Leuten gut, und das zeigt sich auch in meinem Verhalten.

Was ist die treibende Kraft in deinem Leben? In deiner Kindheit war es vermutlich die Angst vor deinem gewalttätigen Vater?

Ja. Am Anfang hat mich tatsächlich nur die Angst getrieben. Und dann fingen die Pferde an, eine wichtige Rolle in meinem Leben zu spielen; denn sie wurden nicht nur von meinem Vater, sondern auch von anderen Leuten schlecht behandelt. Auch Hunde, Katzen, eigentlich alle Tiere – ich sah, dass die Menschen nicht fair mit ihnen umgingen. Aber nicht aus Bösartigkeit – sie wussten es eben einfach nicht besser. Und mit der Zeit begann ich die Tiere zu verstehen – ihre Kommunikation, ihre Gefühle –, und ich fragte mich: Warum tun die Leute so etwas? Das ist doch schlimm für das Tier! Warum sehen sie die Situation nicht mit den Augen des Tieres? Dann würden sie verstehen, warum das Tier nicht tut, was sie wollen. Das hat mich lange Zeit beschäftigt.

Ich habe 40 Jahre lang bei allen möglichen Wettbewerben mitgemacht,

und irgendwann war ich ein Profi. Ich habe alles ganz anders gemacht als die Leute, mit denen ich herumreiste. Sie waren erst meine Konkurrenten, wurden aber mit der Zeit auch meine Freunde. Diese Leute haben ihre Pferde alle auf traditionelle Art trainiert. Und ich bin immer woanders hingegangen, damit sie mich nicht bei meiner Arbeit beobachten konnten; denn sie haben nur gelacht. Damit, sagten sie, würde ich nie ein großer Champion werden, denn so wie ich, könne man es einfach nicht machen. Es sei ja alles schön und gut und ich sei auch ein netter Junge, aber ich solle es vergessen – sie könnten mich jederzeit schlagen. Damit wurde es mein größtes Ziel, genau diese Leute in den Wettkämpfen zu besiegen, um zu beweisen, dass man Tieren gegenüber keine Gewalt anzuwenden braucht. Und ich habe sie auch tatsächlich besiegt.

Du hast bei den Wettkämpfen sogar in den verschiedensten Disziplinen parallel mitgemacht. Dazu gehört ein ungeheuerer Ergeiz.

Ja. Ich wollte immer beweisen, dass man mich nicht unterkriegen kann. Das liegt daran, dass ich keine Gewalt anwenden wollte und mein Vater mich deshalb oft als Weichei oder Waschlappen beschimpft hat. Das hat mich sehr tief getroffen. Ich weiß noch, dass ich einmal innerhalb einer Woche sechs Wettkämpfe gewonnen habe – in sechs verschiedenen Disziplinen. Bull Dogging, Team Roping, Working Cow Horse, Cutting Horse, Reining Horse, Polo – alles in einer Woche. Und in derselben

Woche spielte ich auch noch bei einem Fußballspiel in einem National Championship-Team mit. Das war schon eine verrückte Zeit.

Hattest du bei dem vielen Sport denn überhaupt noch Zeit für dein Studium?

Mir blieb nichts anderes übrig. Ungefähr ein halbes Jahr später machte ich meinen Abschluss an der Hochschule für Landwirtschaft und war der Beste meines Jahrgangs. Finde mal jemanden, der so viele Sachen auf einmal auf die Reihe gekriegt hat! Ich war wie besessen. Ach ja, und noch etwas: In derselben Woche habe ich auch noch bei einer Meisterschaft im Springreiten mitgemacht und gewonnen.

Man konnte dich in keine Schublade einordnen?

Nein, ich passte in keine Schublade, und man wollte mich nicht haben. Keiner wollte mich. Für die Springreiter war ich ein Cowboy; für die Cowboys einer, der Cutting Horses reitet; und für die Cutting Horse-Leute war ich ein Fußballer.

Du hattest also gar keine Kindheit, keine Freizeit?

Nein. So etwas wie eine Kindheit habe ich nicht erlebt. Ich war nie Kind. Ich hatte immer ein randvolles Programm – das kann sich kein Mensch vorstellen. Morgens um fünf stand ich auf und musste erst mal 23 Ställe

sauber machen. Dann gab es Frühstück, danach habe ich geduscht und bin zur Schule gegangen – immer nur vier Stunden, dann gleich wieder zurück nach Hause. Dann musste ich Kurse und Unterricht geben, die Pferde reiten und trainieren und sie am Abend füttern. Punkt neun Uhr war ich im Bett und am nächsten Morgen um fünf wieder auf den Beinen – und das jeden Tag. Aber ich wollte es so haben. Es hat mir Spaß gemacht. Also zog ich es durch.

Aber mit der Zeit kamen immer mehr Kinder zu mir, die reiten und den Umgang mit den Pferden lernen wollten. Ich war so zwölf oder dreizehn Jahre alt, als ich auf einmal bemerkte, dass das richtige Kinder waren, die viel Spaß hatten – und da wünschte ich mir dann, auch einmal Kind sein zu dürfen. Insgeheim hatte ich wahrscheinlich immer geglaubt, irgendwann doch noch einmal Kind sein zu können. Doch man kann seine Kindheit nicht nachholen. Man kann nur dann Kind sein, wenn man es auch tatsächlich ist, denn nur Kinder können so denken wie Kinder. Und deshalb war es mir und Pat auch sehr wichtig, dass wir unsere Kinder ihre Kindheit genießen ließen. Es war sicher keine gute Erfahrung für mich, nie Kind gewesen zu sein.

In einem meiner Bücher schrieb ich dann später, dass ich mir gewünscht hätte, ich hätte auch in so einem kleinen roten Spielzeugauto herumfahren und spielen dürfen wie die anderen Kinder. Dann, bei einer meiner Shows, kam eine Dame über sechzig zur mir an den Signierstand. Und sie hatte ein Geschenk für mich dabei, verpackt wie ein Weihnachtsgeschenk - darin befand sich ein kleines rotes Auto. Dieses kleine rote Auto steht heute noch in meinem Saloon.

Wie hast du deine Kinder erzogen?

Sie haben eine gute Ausbildung genossen. Es ist sehr wichtig, dass man seine Kinder auf die richtige Schule schickt, denn das System kann zerstörerisch wirken, und auch viele Lehrer haben etwas Zerstörerisches; aber natürlich gibt es auch gute Lehrer. Als unsere Kinder die staatliche Schule besuchten, schickten sie unseren Sohn Marty mit neun Jahren wegen einer schweren Lernstörung heim und stempelten ihn als »lernbehindertes Kind« ab. Wir mussten einen Nachhilfelehrer für ihn suchen, und dieser Mr. Greg war ein ausgezeichneter Lehrer: Nach zwei Wochen schlug er vor, dass sich Marty einem besonderen Test unterzieht, und es kam heraus, dass er geniale Fähigkeiten besaß und ihm an der Schule einfach nur langweilig gewesen war. Wir schickten ihn auf eine andere Schule. Später machte er seinen Abschluss in Jura an der elitärsten Universität im Westen der USA, der Stanford University. Er wurde Rechtsanwalt, verdient inzwischen ein Vermögen mit seinem eigenen Unternehmen – und ist wirklich ein hochintelligenter Bursche.

Es gibt eben doch gute Lehrer. Und wir sollten endlich anfangen, darüber nachzudenken, was gute Lehrer eigentlich anders machen. Was ist das Besondere an ihnen?

Aber ich will dir auch eine andere Geschichte erzählen: Als meine Kinder zur Welt kamen, bauten wir gerade die Flag is Up Farms auf und mussten hart ums Überleben kämpfen. Eines Tages kam meine Tochter Debbie zu mir (das war 1966, sie muss also damals neun Jahre alt gewesen sein) und wünschte sich ein Baumhaus. Sie zeigte mir die Stelle in der Eiche, wo sie das Baumhaus haben wollte, und ich versprach ihr eines zu bauen. Das zog sich hin, denn ich war immer so beschäftigt. Irgendwann beschloss ich, dass alles andere warten muss, und ich jetzt dieses Baumhaus bauen werde. Und da sagte sie zu mir:»Aber Dad, jetzt will ich kein Baumhaus mehr. Ich bin fünfzehn …« Das ist eine meiner schlechten Eigenschaften, und das tut mir im Nachhinein noch weh.

Was bedeutet Erfolg für dich?

Erfolg ist das, was man von sich selber hält. Man setzt sich hin und betrachtet sich unter dem Mikroskop – und zwar unter seinem eigenen Mikroskop, nicht unter dem eines anderen - und sagt sich:»Ich bin der einzige Mensch, der genau weiß, was in mir vorgeht. Wer bin ich? Was bin ich? Was habe ich in meinem Leben getan? Was habe ich geleistet? Was habe ich vergessen oder unerledigt gelassen? Wo habe ich versagt? Habe ich die Welt zu einem besseren Ort gemacht oder einfach nur Platz weggenommen und Abfall zurückgelassen?« Erfolg bedeutet, dass man von sich sagen kann: Ich habe mein Bestes getan. Natürlich habe ich auch Fehler gemacht – kein Mensch ist perfekt –, aber ich habe jeden Tag versucht, das zu tun, was ich für das Beste hielt. Und auf diese Weise habe ich gelernt, manche Sachen ziemlich gut oder zumindest ordentlich zu machen. Erfolg bedeutet, das Beste aus deinem Potenzial zu machen. Dazu muss man nicht unbedingt das Relativitätsgesetz entdecken oder ein Raumschiff bauen, das zum Mars fliegen kann. Vielleicht be-

deutet das ganz einfach nur, dass man die Straße, für die man zuständig
ist, sauberer hält als alle anderen Straßen in der Stadt. Oder dass man eine Mauer besonders schön anstreicht. Vielleicht sind genau diese Dinge der Grund, warum man hierher auf die Erde geschickt wurde. Solche
Dinge darf man nicht unterschätzen.

Jedes Unternehmen muss sich klarmachen, dass es zum Scheitern verurteilt ist, wenn die vielen Toiletten in den großen Firmengebäuden nicht
funktionieren. Die Chefs, die in den Führungsetagen sitzen, müssen
auch Respekt vor den Leuten haben, die ihre Gebäude sauber und in-
stand halten, denn ohne sie würde alles nicht funktionieren. Viele Top-
manager in großen Unternehmen halten sich irgendwann für so viel
besser als andere Leute, dass sie selbst die Fähigkeit verlieren, ihre Arbeit immer weiter zu verbessern.

Wovor hast du am meisten Angst?

Meine größte Angst in meiner jetzigen Lebensphase ist der Gedanke,
was wohl mit unserer Erde passieren wird. Ich mache mir Sorgen um
meine Enkel. Außerdem habe ich Angst davor, dass wir weiterhin versu-

chen werden, unsere Probleme mit Gewalt zu lösen – dass wir nichts lernen und dass es auf unserer Welt mit der Zeit immer brutaler zugehen wird. Wir wenden zunehmend Gewalt an. Wir sagen zwar, dass so etwas schlimm ist, und dass es eigentlich nicht passieren dürfte; aber wir tun es doch immer wieder und schieben dann den anderen die Verantwortung dafür zu. Inzwischen herrscht praktisch überall auf der Welt Gewalt. Jeder versucht, das Verhalten seiner Mitmenschen mit Gewalt zu verändern. Und meine allergrößte Angst ist, dass wir die Erde mit dieser Mentalität, mit dieser Denkweise irgendwann zerstören werden.

Was bedeutet Luxus für dich?

Zimmerservice. (schmunzelt) Ich habe mein Leben lang hart gearbeitet, Ställe und Scheunen ausmisten, Gräben ausheben, Zäune bauen … Es war wirklich Knochenarbeit. Immer musste ich erledigen, was gerade anfiel. Als ich aufwuchs, hatten wir zwar eine Haushaltshilfe; aber ich musste trotzdem immer kochen und beim Waschen und Putzen mithelfen. Und jetzt gehe ich einfach in so ein Hotel wie dieses hier, und jemand bringt mir mein Essen aufs Zimmer, mit einer feinen Tischdecke und allem Drum und Dran. Da bekomme ich immer ein richtig schlechtes Gewissen, weil ich nicht mitgeholfen habe. Ich habe immer noch die Mentalität eines einfachen Jungen vom Land. Wenn andere Leute etwas für mich tun – das ist für mich Luxus.

Was war die größte Enttäuschung in deinem Leben?

Am meisten haben mich die jungen Leute enttäuscht, in die ich wirklich eine Menge Zeit, Geld und Energie investiert habe. Ich habe tatsächlich an sie geglaubt; und dann haben sie sich gegen mich gestellt. Erst jetzt, wo ich schon ziemlich alt bin, lerne ich allmählich, dass solche Dinge hin und wieder unvermeidlich sind. Manche Leute müssen eben »den Lehrer umbringen«, das heißt, sie reden schlecht über den Lehrer, behaupten, dass sie in Wirklichkeit diejenigen waren, die immer alles gekonnt und gewusst haben – um sich selbst und ihre Erfolge zu erhöhen.

Was können wir Menschen von Pferden lernen?

Erstens: Pferde können nicht lügen. Von dem, was ein Mensch sagt, ist mindestens die Hälfte gelogen oder die Wahrheit ein bisschen zurechtgebogen, um gut dazustehen. Aber es ist besser, ehrlich zu sein; denn die Leute finden ja doch irgendwann die Wahrheit heraus, und dann stürzt das ganze Kartenhaus in sich zusammen. Wenn wir beobachten, wie Pferde ihr Leben führen, wie ehrlich sie sind, können wir eine Menge von ihnen lernen.

Zweitens: Gewalt ist niemals eine Lösung. Mit Gewalt beantwortet man keine Fragen. Und irgendwann fällt sie in Form von noch mehr Gewalt auf einen selbst zurück. Da unsere Welt in technischer Hinsicht immer perfekter wird, können auch Menschen, die gar nichts haben, dich mit einer Bombe angreifen – mit deiner eigenen Bombe, indem sie einfach dein Flugzeug entführen und damit in eines deiner Gebäude reinfliegen – und schon haben sie erreicht, was sie wollen. Also achtet darauf, wie ihr den Leuten beibringt, dass Gewalt nichts Gutes ist! Und droht niemals – denn schon das ist Gewalt.

Drittens: Pferde kennen weder Eitelkeit noch Habgier. Wir Menschen können dagegen ohne Eitelkeit nicht leben. Wir müssen eine gute Meinung von uns haben, um etwas leisten zu können. Und wir müssen daran glauben, dass wir es schaffen können. Auch ohne eine gewisse Habgier können wir nicht leben; wir leisten nur dann etwas, wenn wir etwas haben wollen. Habgier muss sich übrigens nicht unbedingt immer nur

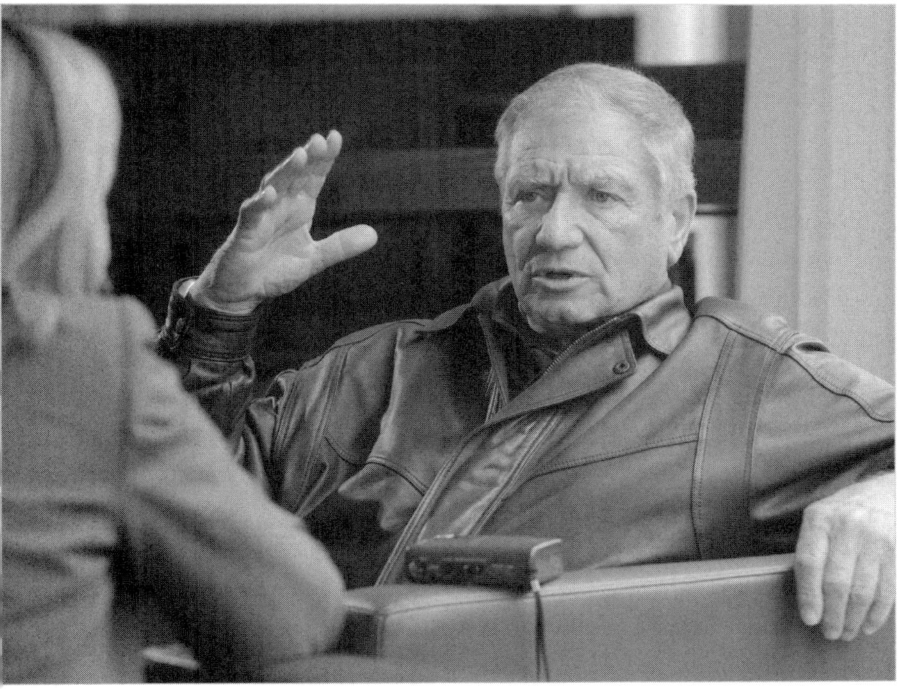

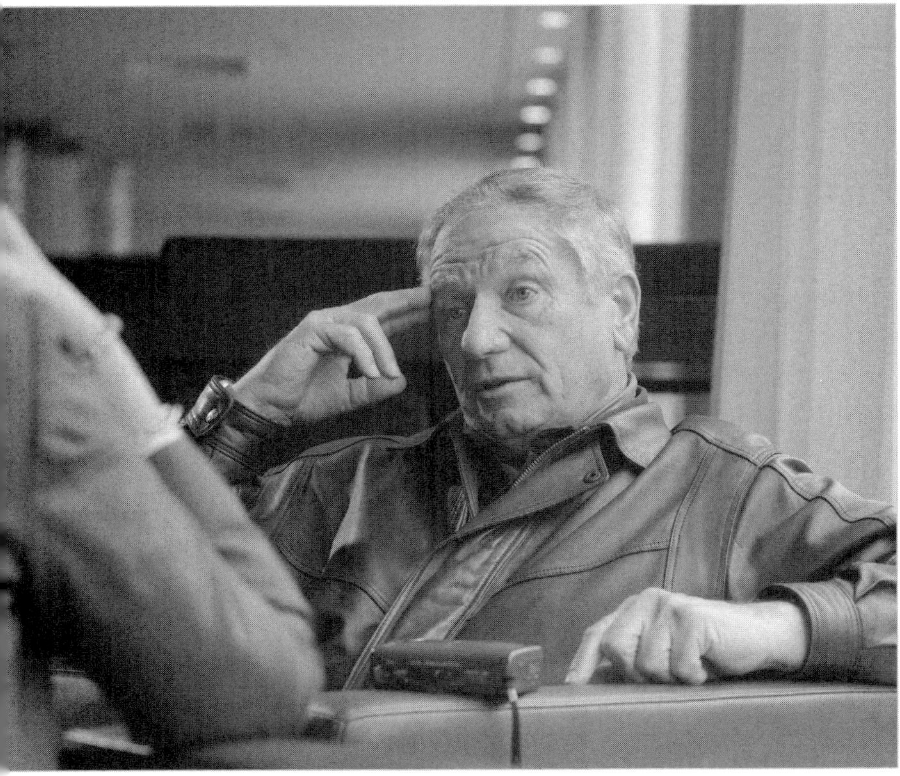

auf Geld beziehen. Eitelkeit und Habgier können also durchaus auch etwas Positives haben. Auch Saddam Hussein war eitel und habgierig – aber seine Gier richtete sich auf die falschen Dinge.

Hattest du denn nicht irgendwann einmal vor, Saddam Hussein aufzusuchen und ihm zu demonstrieren, dass Gewalt keine Lösung ist?

Ja. Ronald Reagan kam zu mir und sagte: »Es gibt da einen Mann, der vor nichts Respekt hat außer vor Geld und vor seinen Pferden. Ich würde dich gerne zu ihm rüberschicken, damit du seine Pferde gewaltfrei trainierst, denn er ist ein sehr gewalttätiger Mensch. Er hängt Leute auf oder lässt sie auf offener Straße umbringen. Es ist furchtbar; aber der Mann hat tolle Pferde, und ich glaube, du könntest ihn zu der Einsicht brin-

gen, dass er auf dem falschen Weg ist.« Ich wusste nicht, wen er meinte, aber als mir Reagan diesen Mann beschrieb, glaubte ich, tatsächlich eine Chance zu haben. Leider glaubte bis auf Reagan und mir niemand an diese Chance – meine Frau Pat jedenfalls nicht. Und kurz nachdem Reagan mir gesagt hatte, wer dieser Mann war, gab es das Attentat auf Reagan. Der Präsident war schwer verletzt, und von da an war George Bush senior mein Ansprechpartner, der mir irgendwann eine Nachricht zukommen ließ, wie: Dieser Mann ist unzurechnungsfähig. Wenn wir Sie da hinschicken, würde er Sie womöglich kidnappen und Lösegeld in Millionenhöhe verlangen.

Wie können Menschen sich durch die Arbeit mit Pferden verändern?
Erkennen sie, dass der gewaltfreie Umgang mit Pferden funktioniert,
und übertragen diese Einsicht dann auf den Umgang mit Menschen?

Ja. Pferde sind eine große Hilfe. Ich kann es den Leuten an der Art und Weise veranschaulichen, wie ich mit Pferden arbeite: Wir wollen es mal so und so probieren und sehen, wie das funktioniert. Pferde sind auch nicht viel anders als Menschen. Sie sind genauso wie die Mitarbeiter in einem Unternehmen. Bei meinen Seminaren sind 90 Prozent dieser Leute tatsächlich starke Persönlichkeiten – und das bedeutet, dass sie Gewalt anwenden. Denn Worte können genauso verletzend sein wie Peitschenhiebe. Natürlich will niemand, dass ihm gegenüber Gewalt angewendet wird. Aber selbst Gewalt anzuwenden, um andere Menschen zu ändern, das macht ihm nichts aus. Da stimmt doch etwas nicht. Und das ist genau der Grund, warum unsere Welt nicht funktioniert, warum unser heutiges Leben immer komischere Auswüchse annimmt. Die Menschen müssen sich fragen: Was denkt sich wohl ein anderer Mensch, wenn ich ihn so behandle? Natürlich tut er dann alles, was ich von ihm verlange. Aber er tut es nur aus Angst.

Du arbeitest also immer mit Menschen und Pferden zugleich?

Ja. Einmal arbeitete ich mit dem Chef eines der größten amerikanischen Unternehmen. Er galt als der härteste Bursche in der Unternehmenswelt – und zwar weltweit. Und dieser Mann kam zu einem Training auf Flag is Up Farms. Als ich mit den Pferden anfangen wollte, sagten seine Mitarbeiter, ich müsse warten, denn der Chef raucht noch eine Zigarette, und wenn wir ohne ihn anfangen, würde er sehr böse werden. Ich fing trotzdem an, machte meine Arbeit mit den Pferden, und als er kam,

schaute er zu und wurde ganz ruhig. Später beim Abendessen nahm er mich beiseite und meinte, er denke oft über die Probleme in seiner Firma nach und glaube jetzt, er sei selber schuld daran, denn man sage ihm nach, dass er zu hart mit den Leuten umgehe. Dann erzählte er, dass er zu seinen drei Kindern auch nicht besonders fair gewesen war. Ich sagte ihm, er soll seine drei Kinder in sein Unternehmen bringen und dann alle Mitarbeiter so behandeln, als wären sie seine Kinder. Der Mann wäre fast zusammengebrochen, aber er hat es begriffen. Man berichtete mir, dass sich sein Verhalten tatsächlich geändert hatte – zwei Wochen lang. Dann begann er wieder, mit seinen Leuten herumzustreiten – und schließlich wurde er gefeuert. Seine Kündigung war eine große Sensation in der Unternehmenswelt. Ich habe inzwischen mit rund 700 Firmen gearbeitet, und eigentlich höre ich dabei immer wieder die gleichen Geschichten. Und in wie vielen Unternehmen hat sich durch meine Arbeit wirklich etwas verbessert – dreißig, vierzig? Irgendwann fallen die Chefs alle wieder in ihre alten Gewohnheiten zurück. Sie vergessen das, was sie gelernt haben, sehr schnell.

Heißt das, dass große Unternehmen regelmäßig mit dir zusammenarbeiten sollten?

Wenn sie clever wären, würden sie es tun.

Hast du schon jemals einen Showtermin versäumt?

Bis jetzt noch nicht. Aber ich bin auch ein Pünktlichkeitsfanatiker: Ich stelle mir jeden Abend zwei oder drei Wecker, und zwar immer in Zeitabständen von fünf Minuten – für den Fall, dass einmal einer nicht funktioniert.

Bei fast jeder Show kommt jemand aus dem Team zu mir und sagt, wir müssen noch zehn Minuten warten, es hat einen Unfall auf der Autobahn gegeben, oder der Parkplatz ist voll, oder es regnet … Irgendein Problem gibt es immer. Aber ich fange trotzdem an, denn die Zuschauer wissen, dass ich pünktlich anfange. Ich habe schon ungefähr 1800 Vorstellungen gegeben, aber noch keine einzige versäumt und mich auch noch nie verspätet.

Hat das etwas mit deiner Kindheit und deinem Vater zu tun? Dass du immer genau wissen musstest, wann dein Vater heimkam, um ihm aus dem Weg gehen zu können?

Ja – mit meinem Vater und mit der Eisenbahn. Ein Zug fährt schließlich auch pünktlich ab und wartet auf niemanden. Ich habe noch immer die Taschenuhr, die mir mein Großvater damals geschenkt hat. Und irgendwie habe ich dann mit der Zeit einen richtigen Pünktlichkeitswahn entwickelt.

Bist du noch nie bei einer Show verletzt worden?

Doch, natürlich. Der Teil dieses Fingers hing nur noch an einem Hautfetzen. Also sagte ich zum Publikum, falls ein Arzt da sei, solle er sich die Verletzung anschauen, sobald ich mit diesem Pferd fertig bin. Das Blut floss; aber ich habe durchgehalten. Es war in Dallas (Texas), mein Sohn Marty und meine Frau Pat waren auch dabei. Und der Arzt, der draußen auf mich wartete – war ein weltberühmter Handchirurg. Er wollte mich sofort ins Krankenhaus fahren, doch ich bestand darauf, die Vorführung ganz zu Ende zu bringen.

Der Mann prophezeite mir, dass ich bei so einer schweren Verletzung in Ohnmacht fallen würde - erst recht, wenn sich mein Pulsschlag in der Arena erhöht. Ich meinte, wenn ich tatsächlich umkippe, könne er mich ja immer noch ins Krankenhaus fahren. Der Arzt war einverstanden und fragte mich, was er mit meinem abgetrennten Finger machen soll. Werfen Sie ihn einfach weg, sagte ich, aber Pat erhob Einspruch: Nein, nein, nein, sagte sie. Ich habe ihn mit zehn Fingern geheiratet, und die wollen wir auch behalten. Also klebten sie mir den Finger einfach mit einem Klebeband an, und ich ging wieder zurück in die Arena. Dort brachte man mir ein noch unzugerittenes Fohlen. Groß. Ein Warmblüter. Und ich schwöre dir: Die Stute kam in den Round Pen, und ich weiß nicht, vielleicht hat sie das Blut gerochen – jedenfalls hatte ich das Gefühl, dass sie mir sagte: Ich sehe schon, du hast ein Riesenproblem. Ich werde ganz lieb sein. Und sie benahm sich mustergültig. Das Publikum war begeistert. Nachdem ich sie eingeritten hatte, fuhr mich der Arzt ins Krankenhaus, und dort haben sie mir den Finger wieder angenäht.

Der Arzt hatte Drähte eingezogen, um die Knochen wieder aneinanderzufügen, und der Finger tat furchtbar weh. Am nächsten Tag musste ich in Albuquerque (New Mexico) auftreten, dann musste ich auf eine Tournee nach Dubai und dann nach England. Und dort bat ich schließlich einen Wartungsmann im Hotel, mir eine Zange zu geben, und zog die Drähte heraus.

Reist du immer noch 300 Tage pro Jahr?

Ja. 310.

Wie schaffst du das eigentlich? Du hast schon seit einigen Jahren Diabetes. Ist dir das viele Reisen nicht zu stressig?

Ich habe zu Hause mehr Stress als unterwegs. Auf der Farm liegen mir die Leute immer mit allen möglichen Problemen in den Ohren. Das ist für mich Stress.

Ich teste regelmäßig meinen Blutzucker und messe meinen Blutdruck. 2001 kam ich in Salzburg wegen Bluthochdruck ins Krankenhaus, und der Arzt warnte mich vor einem Herzinfarkt oder Schlaganfall. Also beschloss ich, etwas dagegen zu tun, und ließ mich von ein paar Ärzten in Sachen Ernährung und Lebensweise beraten. Wenn die Ärzte mich heute sehen, wundern sie sich über meinen guten Blutdruck und mein starkes Immunsystem.

Du spritzt dir kein Insulin?

Nein, ich nehme kein Insulin, sondern halte Diät: keine Kartoffeln, keine Stärke, keine Teigwaren, kein Brot, kein Obst, keine Fruchtsäfte. Ich nehme nur Tee, Butter, Wasser, Hühnchen, Fisch und grünes Gemüse zu mir.

Fällt es dir denn nicht schwer, immer Diät zu halten?

Nein. (kurze Pause) Aber stell mir lieber nicht so viele Fragen, sonst fange ich womöglich an, darüber nachzudenken, was ich gern essen und trinken würde. (lacht) Ich hätte schon gerne Wein zum Essen. Und Bratkartoffeln – das wäre ein Traum!

Durch was hältst du dich so fit? Durch die Diät?

Das liegt nicht nur an der Diät, sondern an meinem ganzen Therapieprogramm. Es gibt jetzt eine Gruppe von Ärzten in den USA, die alles zu einem System zusammenfassen wollen, um älteren Menschen ein gesundes Leben zu erleichtern. Vielleicht auch schon für Leute ab vierzig, aber hinauf bis zu meiner Altersgruppe. Ich nehme CoQ10, Transferfaktor, OPC, und jetzt bekomme ich von einem Tierarzt zusätzlich auch noch diese essenzielle Aminosäure, die sie vor Kurzem in einem Strauch in Usbekistan entdeckt haben. Dort machten die Pferde und die wilden Tiere so einen gesunden Eindruck. Auch die Menschen sahen ge-

sund aus. Sie kauten an dem Strauch und schrieben ihm magische Kräfte zu. Bei der Untersuchung dieses Strauches entdeckte man dann diese Aminosäure. Allerdings neutralisiert die Magensäure sie so schnell, dass man an den Zweigen kauen muss, damit sie durch das Zahnfleisch ins Blut übergeht. Inzwischen gibt es diese Substanz in kleinen Päckchen, die man sich unter die Zunge legt. Meine Berater haben sie in mein Therapieprogramm aufgenommen.

Wie schafft man es, 52 Jahre verheiratet zu bleiben? Gibt es da ein besonderes Erfolgsrezept?

Wenn man so etwas tatsächlich auf einen einfachen Nenner bringen kann, würde ich sagen, dass wir beide uns eben nie ein Hintertürchen offen gelassen haben. Es gab niemals einen Weg aus dieser Ehe heraus. Meine ganz persönliche Entscheidung lautete: Das ist eine Sache fürs Leben. Und ich ziehe so etwas dann auch durch. Wenn ich mir vornehme, keine Kartoffeln mehr zu essen, dann esse ich auch keine. Ab und zu hatten wir schon eine Menge Probleme miteinander, und ich glaube, manchmal hat Pat auch daran gedacht, Schluss zu machen. Aber wahr-

scheinlich hatte sie sich innerlich genauso fest vorgenommen, dabeizu-
bleiben, wie ich, und daher kam eine Trennung für sie nicht infrage. Unsere Ehe war einfach eine beschlossene Sache: Man denkt darüber nach,
entscheidet sich und bleibt dann dabei.

Was für Ratschläge würdest du jungen Leuten mit auf den Weg geben?
Ratschlag Nummer eins: Gewalt ist niemals eine Lösung.
Nummer zwei: Sag immer offen deine Meinung! Sei jemand. Man kann
immer jemand sein, egal, was für Talente und Möglichkeiten man hat.
Sage, was du denkst!
Und Nummer drei: Lebe das, woran du glaubst. Träume und mach dich
dann daran, deinen Traum zu verwirklichen. Begnüge dich nicht damit,
einfach nur von etwas zu träumen. Tu es! Natürlich nur, wenn es etwas
Gutes ist. Man sollte nicht davon träumen, anderen Menschen wehzu-
tun oder etwas zu stehlen. Denn das ist kein Traum, sondern ein Alb-
traum; und es bringt einen nur in noch größere Schwierigkeiten. Überlege dir, was du Gutes tun kannst. Und dann gehe die Sache an – auch
wenn es schwierig ist. Sage dir trotzdem: Okay, ich will es versuchen.
Du wirst staunen, was man alles erreichen kann, wenn man sich ein Ziel
setzt.

Franziska van Almsick

Schwimm-Ikone

*Ich gehe nicht durch das Leben
in der Hoffnung, keinen Fehler zu machen,
sondern ich treffe Entscheidungen,
auch wenn diese vielleicht
im Nachhinein ein Fehler waren.*

Sind Sie ein Perfektionist?

Nein, ich bin eher ein Bauchmensch. Wenn ich mir ein Zimmer einrichte und mich darin wohlfühle, dann muss es nicht perfekt sein. Was nicht heißt, dass ich mich schnell zufrieden gebe, aber es muss nicht jedes Haar sitzen, sondern es muss vom Gefühl her passen.

Sucht man gerade im Sport nicht nach Perfektion?

Mir ging es nicht allein um das Siegen, sondern auch um mein persönliches Gefühl und um das, was ich für mich erreichen wollte. So bin ich auch geschwommen und so habe ich auch trainiert. Ich habe auch Pausen im Training gemacht, wenn ich vom Kopf her nicht dabei war und gespürt habe, dass ich eine Pause brauche. Die Vorstellung einer perfekten Sportkarriere hatte ich nie. Ich habe auch keine Medaillen gezählt, und wenn Sie mich heute fragen, wie viele es waren, könnte ich es Ihnen gar nicht sagen.

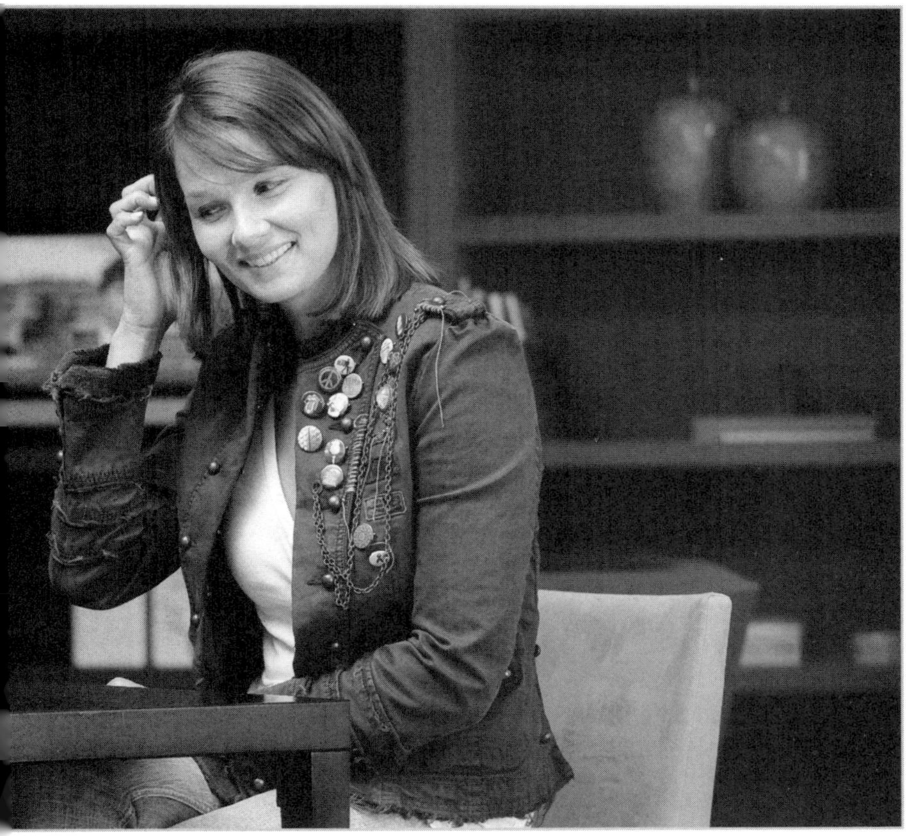

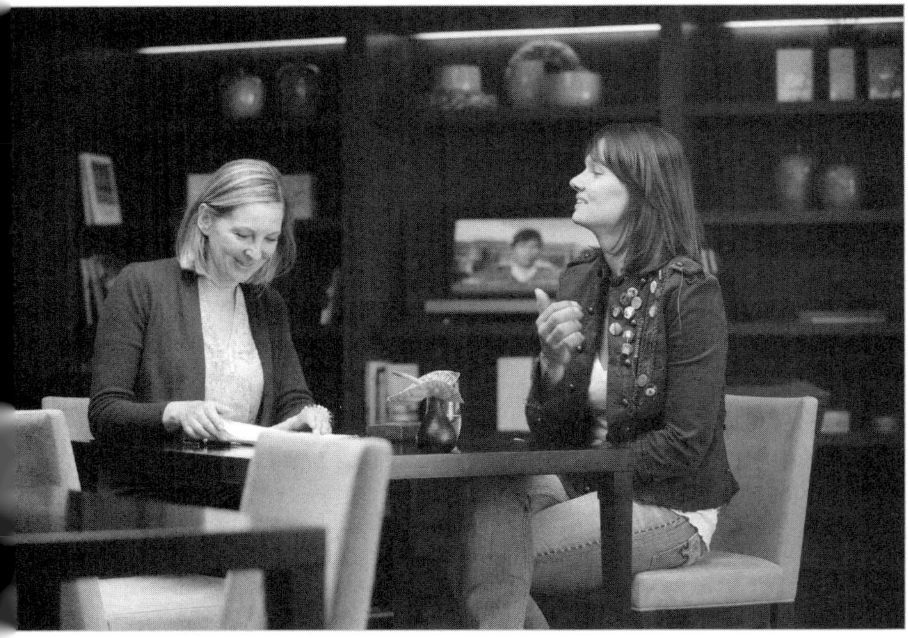

In welchem Alter haben Sie mit dem Schwimmen begonnen?

Mit fünf habe ich angefangen und die Nachmittage immer in meinem Trainingszentrum verbracht, professionell ging es dann ab der fünften Klasse weiter, als ich auf die Kinder- und Jugendsportschule kam. Meine Klassenkameraden und Freunde waren Schwimmer, wir sind zusammen auf die Schule gegangen und sind zusammen geschwommen, es drehte sich alles ums Schwimmen.

Wie sah denn ein normaler Tag für Sie aus?

Ab meinem elften Lebensjahr musste ich um sechs Uhr früh aufstehen, denn spätestens um halb acht begann das Training, und damals in der DDR brauchte ich mit den öffentlichen Verkehrsmitteln eine Stunde bis zum Sport. Abends kam ich dann so gegen 20 Uhr wieder zurück.

Haben Sie in ihrer Jugend nichts vermisst?

Ich habe nie was vermisst, weil ich nie was anderes kennengelernt habe. Ich bin damit groß geworden, das war mein Leben, und ich wollte auch nie etwas anderes machen. Mein großer Bruder ist geschwommen, und ich wollte das unbedingt auch, und da unsere Eltern berufstätig waren, war es ganz normal, dass jeder etwas zu tun hatte und der Tag ausgefüllt war.

Es war sicher nicht immer eine leichte Zeit?

Natürlich hatte ich auch viele Momente, in denen ich alles hinschmeißen wollte. Aber ich glaube, es ist sehr wichtig, dass man bei einer Sache bleibt und akzeptiert, dass es nicht immer vorwärts, sondern auch mal einen Schritt zurückgeht.

Hat Sie Ihre Familie dabei sehr unterstützt?

Ja. Vor allem meine Mutter. Sie ist eine starke Frau. Indem sie mir Ziele gesteckt hat, sorgte sie dafür, dass ich am Ball geblieben bin, auch wenn es nicht so gut lief. Wenn ich im Sommer aufhören wollte, schlug sie vor, bis zum Jahresende durchzuhalten, und falls ich im Winter immer noch der Meinung sei, aufzuhören, dann könne ich das tun. Und plötzlich war Winter, und es lief super und hat wieder Spaß gemacht. Manchmal, und gerade in diesem Alter, braucht man jemanden, der einen motiviert.

Was war das für ein Gefühl mit vierzehn Jahren der Superstar in Deutschland zu sein?

Ich habe das gar nicht gemerkt. Ich wollte in meinem Leben auch nie berühmt oder reich werden. Ich bin im Osten groß geworden, ich habe meinen Sport gemacht, und alles was gezählt hat, war, meinen Zielen im Sport nachzugehen, zu trainieren und zu schwimmen. Damals war ja auch nicht daran zu denken, dass man damit Geld verdienen kann. Ich bin auch heute noch fest der Meinung, dass man Sport treiben sollte, ohne das Geldverdienen im Hinterkopf zu haben, und wenn Eltern unter diesem Gesichtspunkt die Sportkarriere für ihre Kinder aussuchen, ist das ein völlig falscher Ansatz.

Um ganz oben im Sport anzukommen, braucht man eine ganz, ganz große Portion Leidenschaft, und wenn die nicht dabei ist, wird man auch nie ein ganz Großer werden.

Man braucht aber auch dieses Durchhaltevermögen von dem Sie vorher sprachen?

Ich glaube, das ist eine Sache, die man lernen kann. Man trainiert, kommt irgendwann in die Situation, in der es nicht mehr vorwärtsgeht, und lernt dann, damit umzugehen und sich durchzusetzen. Ich mag es sehr gerne, Dinge, die ich anfange, auch zu Ende zu bringen, ohne jedoch perfektionistisch zu sein.

Sie waren beim Fall der Mauer elf Jahre alt. Wie haben Sie das erlebt?

Ganz entspannt. Wir lebten ja in Berlin, und ich saß daheim auf der Couch und habe den Hammer und die Sichel aus der Deutschlandfahne geschnitten, während meine Eltern zur Mauer gefahren sind.

In welcher Erinnerung haben Sie die DDR?

Ich hatte eine gute Zeit im Osten, und es gab keine Bedürfnisse, die nicht gestillt worden wären. Allerdings war ich ja damals sehr jung und kann deshalb auch nur über diese Phase meines Lebens berichten. Wir machten viel im Kollektiv, hatten vor der Schule morgendliche Fahnenappelle und sammelten Altstoffe für die Gemeinschaft. Man hatte immer das Gefühl, einer für alle; Selbstläufe waren gar nicht möglich. Man hat auch leichter geteilt, aber in der DDR ist man auch besser gefahren, wenn man füreinander da war.

Wie war das, als Sie das erste Mal für Gesamtdeutschland an den Start gingen?

Es war für mich ganz selbstverständlich. Ich war immer für Deutschland an den Start gegangen, und das war auch nach der Wende nicht wirklich was anderes.

Was ist Ihre Stärke?

Das Wissen, dass ich gar nicht so tief fallen kann, um nicht wieder aufstehen zu können. Ich würde behaupten, dass man mich heute, nach allem, was ich in meiner Laufbahn erfahren habe, nicht leicht klein bekommt.

Wie reagieren Sie auf Kritik?

Ich finde Kritik generell ganz wichtig, weil man nur durch Kritik an sich arbeiten kann. Aber ich reagiere sehr empfindlich, wenn die Kritik unberechtigt ist.

Wie sind Sie damals, als Sie noch nicht einmal zwanzig waren, mit dieser großen Häme, die Ihnen von den Medien entgegengebracht wurde, umgegangen?

Das war natürlich sehr schwierig. Gerade weil es so unberechtigt war, wie zum Beispiel die Olympiade in Sidney: Ich kam mit einer Bronzemedaille nach Hause und war der Looser der Nation. Das war für mich so unverständlich. Natürlich hatte ich mir persönlich mehr erhofft, aber dass die gesamte Presse des Landes dann solche Sachen über mich geschrieben hat, das hat mich schon sehr verletzt.

Oft haben ja Menschen, die in der Öffentlichkeit stehen, ein gewisses Image, hinter dem sie sich verstecken können, und wie sie wirklich sind, weiß niemand. Doch das hatte ich nie. Ich war immer so, wie ich war,

und wenn jemand Franziska van Almsick angegriffen hat, dann hat er mir wehgetan – mir ganz persönlich.

Wie haben Sie das verkraftet?

Ich habe damals mit einer Psychologin sehr viel an mir gearbeitet, sodass ich gelernt habe, damit umzugehen und es nicht persönlich zu nehmen. Aber es war schon heftig.

Wie denken Sie heute darüber?

Mittlerweile bin ich 31, und ohne diesen tiefen Einschnitt wäre ich sicherlich nicht der Mensch, der ich heute bin – nicht so gelassen, so positiv und so stark. Ich habe mich selber befreit und mir bewiesen, dass es sich lohnt, an mich und mein Bauchgefühl zu glauben. Für meine persönliche Entwicklung war diese Erfahrung sehr wichtig, obwohl ich gerne darauf verzichtet hätte.

Durch die Höhen und Tiefen haben Sie diese Gelassenheit erreicht?

Ja, ich bin nicht mehr übermütig oder hebe ab, egal, ob aus positivem oder negativem Anlass. Ich habe angefangen, meine Schwächen zu lieben, heute kann ich dazu stehen, und ich habe auch nicht das Verlangen, perfekt zu sein. Da sind wir wieder am Thema »Everybody is Perfect«. Ich finde es super, nicht perfekt zu sein, weil es einen menschlich macht, und jeder perfekt ist, so wie er ist.

Was sind ihre Schwächen?

Mit Schwächen meine ich Fehler – und diese zuzulassen. Ich gehe nicht durch das Leben in der Hoffnung, keinen Fehler zu machen, sondern ich treffe Entscheidungen, auch wenn diese vielleicht im Nachhinein ein Fehler waren. Ich bin viel mutiger, wenn ich mir eingestehen kann, dass ich Fehler mache. Und Schwächen? Vielleicht mein Gewicht, das ich nicht immer halten kann. Ich schlemme gerne, genieße es, abends essen zu gehen und auch mal keinen Sport zu machen, und dann, so nach einer Woche, halte ich mich wieder ein bisschen zurück – ganz nach Gefühl.

Heißt das, sanft mit sich selber umzugehen?

Ja, nichts zu verbissen machen und sich Auszeiten zu gönnen. Man sollte sich aber auch seine Ziele nach seinen eigenen Vorstellungen stecken und nicht sein wollen, wie jemand anders. Ich habe mich in meinem Sport immer an mir selbst gemessen. Es ging mir darum, mich zu besiegen, die Gegner waren mir egal, die hätten Kopfstände machen können. Ich bin immer für mich geschwommen und war auch keine Taktikerin. Das konnte man auch bei mir erkennen. Ich bin ins Wasser und habe so angefangen, wie es für mich richtig war. Das war meistens schneller als die anderen, und wenn ich Rennen gut bestritten habe, dann war ich vom ersten Meter an vorne, und die Leute haben sich an mir orientiert. Ich war mir selbst ein guter Gegner, und das hat mich im Sport vorwärts gebracht.

Was half Ihnen zur Zeit Ihrer großen Erfolge, am Boden zu bleiben und nicht abzuheben?

Meine Familie und meine Freunde. Man darf sich selbst nicht zu wichtig nehmen und als Mittelpunkt der Erde betrachten. Nachdem ich für Freundschaften keine Zeit hatte, weil ich ständig unterwegs war und viele andere tolle Sachen erlebt hatte, war plötzlich niemand für mich da, als ich ein halbes Jahr zu Hause verbrachte. Daraus habe ich gelernt. Ich bin auch überzeugt, dass im Leben viele Dinge zurückkommen.

Sind Sie gläubig?

Nein. Im Osten war die Kirche verpönt, und nur wenige Menschen gingen in die Kirche. Ich interessiere mich für Religionen und habe viel darüber gelesen. Ich liebe Traditionen und Rituale, und ich finde bestimmte religiöse Gedanken ganz toll, aber wenn mir Dinge zu widersprüchlich sind, wie zum Beispiel bei der katholischen Kirche, gibt es für mich keinen Grund, dieser beizutreten. Ich hinterfrage die Dinge, und wenn ich etwas tue, dann bin ich entweder richtig dabei oder gar nicht. Das fängt schon bei einem Sponsorenvertrag an. Man könnte mir zum Beispiel fünf Millionen Euro für eine Werbung für Krustentiere bieten, ich würde es nicht tun, weil ich Krustentiere nicht esse. Man muss es sich natürlich auch leisten können, Werbeverträge auszuschlagen, aber es ist wichtig im Leben, dass man nie zu gierig wird und sich trotzdem nicht außer Acht lässt – ein gutes Mittelmaß eben.

Glauben Sie an eine geistige Welt?

Ich liebe schon eine bestimmte Art von Spiritualität. Ich mache Pilates, Yoga und meditiere. Geist und Gedanken haben eine immense Kraft und sind viel wichtiger, als man denkt. Man glaubt immer, dass die Sieger im Sport die sind, die am meisten trainiert haben, am härtesten waren und sich am gesündesten ernährt haben. Doch es gibt ganz viele, die großartig trainieren und ehrgeizig sind, aber nie oben ankommen, weil sie im entscheidenden Moment verkrampfen und zu sind. Ich glaube sehr an die geistige Kraft. Ich bin nicht immer ein positiver Mensch, sondern habe auch mal negative Gedanken, und es gibt Tage, in denen es mir schlecht geht. Doch es ist immer die Art und Weise, wie man es betrachtet: Ich kann auch schlechte Tage genießen, indem ich mir sage, auch diese Erfahrung ist jetzt für mich wichtig, umso mehr kann es mir danach wieder gut gehen.

Also die Akzeptanz aller Gefühle?

Ja. Die vielen unterschiedlichen Emotionen machen mich doch aus, ansonsten könnte ich mich gar nicht komplett spüren und alles so verwerten, wie ich das tue.

Was ist Ihr Antrieb?
Ich will mich weiterentwickeln und dazulernen. Natürlich habe ich meine eigene Meinung, aber ich denke, dass ich ein Mensch bin, mit dem man diskutieren kann. Ich bin in der Lage zu sagen, ich habe bis jetzt ganz anders über das Thema gedacht, aber jetzt, wo wir darüber sprechen, erkenne ich, dass ich mich geirrt habe – denn das bringt mich ja wieder ein Stückchen weiter.

Wie schafften Sie es, sich die sieben Jahre, in denen die Karriere nicht so lief, ständig neu zu motivieren?
Durch mein Bauchgefühl. Ich habe immer gewusst, dass ich noch schneller schwimmen kann, als ich das je getan habe, und das, obwohl es ganz viele Leute gab, die mir einreden wollten, dass es unmöglich sei und dass meine Zeit vorbei ist. Es gab nur eine Handvoll Leute, die mich immer unterstützt haben, wie zum Beispiel meine Familie. Ich habe mich irgendwann von allem komplett freigemacht, denn ich bekam zwischendurch ziemliche Probleme. Mit vierzehn hatte ich ja den ganzen Rummel gar nicht so mitbekommen, aber später fühlte ich mich beobachtet, wurde schneller müde, und die Trainingsergebnisse kamen nicht mehr so einfach wie früher, als ich noch ganz viel Kraft hatte. Aber ich habe immer gewusst, ich kann das noch mal. Wenn das versiegt wäre, dann hätte ich meine Karriere auch beendet.

Und dann kamen die Europameisterschaften 2002 in Berlin ...
Das Comeback in Berlin 2002 hat mir bestätigt, dass es richtig war, mir selbst zu vertrauen. Und diese Erfahrung, dass das Gefühl recht hatte, wider besseres Wissen, ist ganz wichtig. Man muss sich auch was zutrauen im Leben. Nach den sieben Jahren waren diese Europameisterschaften der Gang zum Schafott. Ich hatte meine ganze Kraft noch einmal aufgewandt und mir gesagt, bis dahin gehe ich, und entweder ich packe es und beweise es allen, oder ich muss mir eingestehen, dass ich mich geirrt habe. Ich glaube, mehr Kraft hätte ich nicht gehabt. Ich habe zwar nicht mehr trainiert in diesem Jahr, aber es war die geistige Kraft, die am Limit war. Ich wusste, dass ich das nie wieder toppen kann, nicht mit Training, Fleiß und Disziplin, weil es etwas sehr Außergewöhnliches war. Ich war so voll mit Emotionen und so voll mit dem Glauben an mich. Ich war in einer ganz komischen Situation, die ich im Nachhinein gar nicht mehr erklären kann. Ich war für eine Woche in einem Ausnah-

mezustand. Als ich zum Finale 200 m Kraul auf die Startbrücke gegangen bin, wusste ich, dass ich es schaffe. So etwas ist mir noch nie passiert.

Diese Europameisterschaften waren Ihre wichtigsten Wettkämpfe?

Dabei ging es mir gar nicht um den Weltrekord, den ich gebrochen habe, es ging mir auch nicht um die fünf Medaillen, die ich gewonnen habe – sondern es ging mir um Respekt. Ich hatte als junges Mädchen so mit vierzehn unglaublichen Respekt für meine sportlichen Leistungen, und als ich am Boden lag, hat man nach mir getreten, und alle waren der Meinung, meine Zeit sei vorbei. Das, was ich zurückhaben wollte, waren der Respekt und die Anerkennung, die ich schon mal hatte. Bei diesen Europameisterschaften bin ich von dem Kniefall aufgestanden. Und das gibt mir für mein Leben so viel Kraft, wie man es in Worte gar nicht fassen kann.

Hatten Sie sich mit Ihrer Psychologin auch auf die Europameisterschaften vorbereitet?

Nein. Ich hatte nie mentales Training für das Schwimmen oder für irgendwelche Wettkämpfe. Es gibt ja Sportpsychologen, die einen durch mentales Training auf eine Wettkampfsituation einstellen, indem sie deinen Wettkampf vom Start bis zur Wende durchspielen. Das habe ich aber nie gemacht, denn dafür war ich nie perfektionistisch genug. Ich hätte mich auch für meinen Sport nicht ganz aufgegeben. Ich habe immer gesagt, ich will das Ergebnis so, wie ich bin, und wenn es dann nicht klappt, dann klappt es halt nicht.

Die Psychologin habe ich aufgesucht, da ich persönliche Probleme hatte. Früher hatte ich mich durch meinen Werdegang logischerweise sehr darüber definiert, was ich leiste, und ich dachte, ich wäre nur dann ein guter Mensch, wenn ich siege. Als ich dann mit Häme überschüttet wurde, weil ich nicht mehr die Schnellste war, fragte ich mich schon, bin ich jetzt eigentlich nichts mehr wert, weil ich nur eine Bronzemedaille mit nach Hause geholt habe? Ich bin sieben Jahre einmal pro Woche zur Psychologin gegangen und habe an mir gearbeitet. Das hat mir sehr weitergeholfen, und ich habe mein Selbstwertgefühl wieder in den Griff bekommen. Man kann nicht darauf warten, dass irgendwann jemand kommt, der dich herausholt, und dass es dann wieder besser wird. Wenn dich jemand anderer rauszieht, bringt dich das keinen Schritt weiter. Das ist zwar für den Moment gut, aber es ist im Prinzip wie in der Medizin: Das Problem ist beseitigt, aber nicht die Ursache, und dann dauert es nicht lange, und das nächste Problem taucht wieder auf.

Wie lange hat diese Phase gedauert?

Ungefähr ein Jahr, dann musste ich mich sehr schnell entscheiden, ob ich mich meinen Problemen hingeben oder wieder meinen Sport machen will. Ohne meinen Sport, wäre ich vielleicht noch tiefer hineingesunken, aber da ich mich für das Schwimmen entschieden hatte, musste ich wieder in die Normalität zurückkehren.

Wie ging es Ihnen nach Ihrem großen Comeback 2002?

Nach der Europameisterschaft 2002 hätte ich platzen können vor so viel positiver Emotion, die ich in mir hatte. Und dann, zwei Wochen nach meinem größten Triumph, habe ich eine genauso große Leere in mir gespürt, weil all diese Emotionen raus waren. Es war ganz furchtbar. Es ging mir eine Zeit lang sehr schlecht, und es war gut, jemand wie meine Psychologin zu haben, der einem etwas Ballast abnimmt. Ich habe das als Durchpusten meines Kopfes empfunden, danach ging es mir immer super.

Wie war das Leben nach dem Abschied vom Leistungssport?

Ich hatte mich 2002 entschieden, noch zwei Jahre bis zu den Olympischen Spielen weiterzumachen, denn ein Olympiasieg war ja immer mein großer Traum gewesen. In diesen zwei Jahren habe ich alle Dinge sehr bewusst wahrgenommen, genossen, abgeschlossen und Abschied genommen, sodass mir das nie leid tat. Das war ganz wichtig. Als ich zum Beispiel das letzte Mal im Trainingslager in der Sierra Nevada war, wo ich zusammengerechnet drei Jahre meines Lebens verbracht hatte, habe ich mich von allem, von jedem Baum, von jeder Mülltonne verabschiedet, und mir geschworen, nie wieder hinzufahren. Ich habe nach Olympia aufgehört und habe nie, nicht eine Sekunde, das Bedürfnis gehabt, wieder ins Wasser springen und mich messen zu wollen. Es war ein Abschied, der mich beruhigt in die Schwimmrente gehen hat lassen.

Wussten Sie nach dem Abschied schon, in welche Richtung Sie Ihren beruflichen Weg einschlagen würden, zum Beispiel in die Moderation?

Nein, gar nicht. Ich hatte mir sogar geschworen, dass ich nie in meinem Leben in den Journalismus gehen würde. Ich wollte Abschied nehmen vom Schwimmen, weil ich das mein Leben lang gemacht habe. In diese Co-Moderation für die Wettkämpfe bin ich einfach reingeschlittert. Das ist für mich noch der dünne Faden zu dem, was ich jahrelang gemacht habe. Das fällt mir manchmal schwer, weil ich mir gar nicht mehr vorstellen kann, dass ich das mal gemacht habe, aber auf der anderen Seite ist es beruhigend, denn ich weiß ganz genau, worum es geht. Ich bin gerade dabei, um weitere vier Jahre zu verlängern und bin natürlich froh, dass es so gut gelaufen ist. Das hält mich so ein bisschen dabei, mich sachkundig zu machen und dem Schwimmsport bzw. dem Leistungssport treu zu bleiben.

Sie engagieren sich ja sehr dafür, dass Kinder schwimmen können müssen, wenn sie die Grundschule verlassen.

Das ist eine Herzensangelegenheit, denn Kinder berühren mich immens. Und als Mutter ist einem das noch wichtiger als vorher. Es wird einem bewusst, wie wichtig es ist, dass wir dafür sorgen, dass die Kinder etwas lernen, denn von alleine tun sie es nicht.

Haben Sie deshalb auch das Kinderbuch geschrieben?

Die Idee hatte ich schon lange. Ich hatte irgendwann mal festgestellt, dass ich sehr gerne schreibe, nur hatte ich mich noch nicht rangewagt oder war zu faul. Aber dann durch mein Kind hatte es an Wichtigkeit gewonnen.

Haben Sie Ängste?

Früher vielleicht. Heute habe ich keine mehr. Spinnen oder Kakerlaken finde ich eklig, aber Angst ... nein. Ich habe keine Angst vor irgendwas.

Was ist Luxus für Sie?

Zeit ist für mich nicht mehr Luxus, das war es früher. Heute ist Luxus eher die Art und Weise, wie ich meine Zeit verbringe. Es ist so eine ganz spezielle Art, Momente zu genießen, wie den Wind rauschen zu hören, und diese Momente empfinde ich als Luxus. Denn wenn man ständig hektisch unterwegs ist, wenn man Probleme hat und Ängste, dann gibt es keinen Platz für solche Momente. Das erreicht man erst, wenn man eine Phase in seinem Leben hat, in der es scheinbar gut ist, so wie es ist. Aber das ist auch bei mir nicht immer der Fall, und deshalb ist es für mich Luxus.

Wann und wo sind Sie glücklich?

Das ist völlig egal, mal ist es ein schöner Tag, mal eine schöne Zweisamkeit. Mit der Familie bin ich meist glücklich und habe ein schönes Gefühl.

Welchen Tipp haben Sie für junge Menschen?

Sich immer eine Chance zu geben, auch wenn man gerade selbst in einer schwierigen Situation steckt. Niemals aufgeben, weil das Leben viel zu schön ist mit seinen ganzen Ecken und Kanten. Immer dranbleiben, und immer an sich glauben und daran, dass man es schaffen kann oder noch besser machen kann, als man es vielleicht schon getan hat. Jeder kann aus sich etwas machen. Man muss Eigeninitiative ergreifen, kreativ sein und losrennen. Glück kommt nicht zugeflogen, und manchmal klappt es und manchmal nicht, aber dann darf man den Kopf nicht in den Sand stecken, sondern muss einfach immer weitergehen, indem man sein Leben in die Hand nimmt und sich nicht zu sehr auf andere verlässt.

Restaurant Hiltl,
Zürich

Marc Forster

Regisseur

Das Einzige,
was ich verändern kann,
ist mich, als Mensch.

Bist du ein Perfektionist?

In der Kunst wie in jeder anderen Tätigkeit gibt es keine Perfektion. So, wie du es dir vorstellst, ist es perfekt, weil der Mensch an sich perfekt ist. Ich gebe mein Bestes, was immer ich arbeite und kreiere, und dann lass ich es wieder los, dabei ist der Prozess des Loslassens genauso wichtig wie der des Schaffens. Wenn du es als Perfektionismus deutest, dass jemand sein Bestes gibt, dann kann ich deine Frage bejahen.

Was ist dein Antrieb?

In dieser Welt gibt es ein enormes Ungleichgewicht zwischen vielen Dingen. Für mich geht es darum, ein Gleichgewicht anzustreben, eine Balance zwischen Wissenschaft und Kunst. Mein Vater hat immer gesagt, die Wissenschaft ist das Einzige, was die Welt verändert, worauf ich als Teenager immer erwiderte, die Kunst auch. Damals glaubte ich, als Filmemacher und Regisseur die Welt verändern zu können, doch im Laufe der Jahre habe ich realisiert, dass ich zwar alles Mögliche machen kann mit Film; ich kann entertainen, provozieren, reflektieren, aber die Welt, die kann ich nicht verändern. Das Einzige, was ich verändern kann, ist mich, als Mensch. Und genau das ist mein Antrieb, mich zu verändern und gleichzeitig durch meine Arbeit andere zu unterhalten, zum Nachdenken anzuregen, zu provozieren, zum Reflektieren zu bewegen. Es ist schon sehr viel, andere zum Nachdenken zu bringen, denn letztendlich

kann das doch ein Funke sein für die Veränderung, die in einem anderen passiert, ohne dass man es vielleicht bewusst tut?

Ich mache das ganz bewusst. Ich finde es wichtig, dass wir uns als Menschen weiterentwickeln, da wir alle durch eine gewisse Bewusstseinsentwicklung gehen. Ich glaube an Reinkarnation – daran, dass wir bereits öfter hier waren und durch jedes weitere Leben an Bewusstsein dazugewinnen und die Möglichkeit haben, zu lernen.

Wie arbeitest du an deiner Persönlichkeit?

Wie man sich als Mensch entwickelt und verändert, ist jedes Jahr ein bisschen anders. Meiner Meinung nach entwickelst du dich am besten in der Ruhe, in der Meditation – wenn dein Kopf leer ist, und du dich mit dieser unendlichen, universellen Kraft verbinden kannst.

Wenn du viel arbeitest, ist diese Ruhe schwer zu finden, weil du ja konstant in Bewegung bist, und wenn der Körper in Bewegung ist, ist oft auch der Geist in Bewegung.

Momentan befinde ich mich in dieser Bewegung und gehe durch die Phase, in der ich schöpfe. Es gibt ja verschiedene Phasen im Leben: Bis dreißig, zum Beispiel, hatte ich gar keine Filme gemacht, sondern mich nur insofern damit beschäftigt, indem ich viel gelesen und jede Menge Filme angeschaut habe. Ich hatte bis dahin auch noch kein Geld verdient und war hoch verschuldet.

Wie hast du dir denn dein Studium in New York finanziert?

Nachdem meine Eltern ihr ganzes Geld verloren hatten, schrieb ich nach meinem Abitur dreißig Briefe an alle Freunde der Familie, von denen ich wusste, dass sie über genügend Geld verfügten. Schon der Erste, den ich auf mein Schreiben hin anrief, Robert Louis-Dreyfus, sagte mir zu, mir das erste Studienjahr zu finanzieren, und versprach, wenn ich ein gewisses Talent vorweisen könnte, mich bis zum Ende des Studiums weiter zu finanzieren. So geschah es dann auch.

Wann hast du deinen ersten Film in Hollywood gemacht?
Und wie kam es dazu?

1999 ging es mit »Everything Put Together« los, und seitdem habe ich sieben Filme gemacht. Diese große Veränderung im Außen begann im Innen – mit einem Schlussmoment im Jahr vorher, 1998: Damals hatte eine sehr tiefe Veränderung in meinem Inneren stattgefunden, die mir dann die Kraft gab, das alles umzusetzen. Es war eine sehr intensive, bewegende Reise.

Und was führte zu dieser tiefen Veränderung?

Der Tod meines Bruders am 17. Februar 1998 und der meines Vaters kurz darauf, am 1. Mai. Als ich nach der Beerdigung meines Vaters in

die USA zurückflog, las ich im Flugzeug eine Studie über einen Schamanen, die mir ein paar Tage vorher zufällig jemand in die Hand gedrückt hatte, und ich fühlte mich sehr angesprochen. Zurück in L.A. begleitete ich eine Bekannte in eine Yogaklasse, wo ich von der Yogalehrerin erfuhr, dass genau dieser Schamane in einer Woche hier in L.A. sein würde. Nachdem ich diesen Schamanen kennengelernt hatte, lud er mich in jenem Jahr nach Mexiko ein – unter einer Voraussetzung: dass ich bereit sei, zu sterben. Ich war bereit, bin nach Mexiko gegangen und für eineinhalb Monate geblieben. In dieser Zeit habe ich bei ihm und anderen Schamanen sehr viele Rituale mitgemacht – ohne irgendwelche Drogen oder Halluzinogene, sondern im klaren Geiste. Er hat auch viel mit Träumen gearbeitet und war jede Nacht in meinen Träumen. Jenes Jahr war durch die beiden Todesfälle in meiner Familie und das Erlebnis mit dem Schamanen der große Wendepunkt in meinem Leben. Ich ging nach Mexiko, um keine Angst mehr zu haben, vor nichts, und als ich nach sechs Wochen zurückgekehrte, hatte ich keine Angst mehr. Anschließend hat sich alles manifestiert; ich habe angefangen Filme zu machen, und einer nach dem anderen hat sich so ergeben. Zuerst also die Manifestation der gesamten Energie und dann das Loslassen und Weitergehen.

Wenn du von Angst sprichst, waren das Existenzängste in der Zeit, als du nichts verdient hast?

Es waren verschiedene Ängste: Ängste, weil ich kein Geld hatte und so verschuldet war, Ängste, dass ich nie Erfolg haben würde, Ängste, dass ich nie meine Ideen manifestieren könnte, Ängste, dass ich in die Schweiz zurückgehen und einen Job machen müsste, den ich nicht könnte, Ängste, dass ich auf der Straße landen würde, weil ich mir geschworen hatte, nicht zurückzugehen und irgendeinen Job zu machen. Es waren unglaublich viele Ängste.

Heißt das, Ängste blockieren den Weg zum Erfolg?

Richtig. Das Universum ist ja wie eine Kopiermaschine: Was du dir wünschst, manifestiert sich dadurch, weil es im Unterbewusstsein vorhanden ist. Aber die Ängste verhindern es, weil sich oft auch das, vor dem du Angst hast, manifestiert. Es ist sehr, sehr schwierig, angstfrei zu leben. Es gab eine Zeit, da war ich wirklich angstfrei, aber es ist ja nicht einfach so, dass die Angst weg ist und nie mehr kommt. Ängste schleichen sich immer wieder in das Leben ein. Es ist eine dauernde Wechselwirkung – man löst sich von der Angst, und auf einmal ist sie wieder da.

Liegt es daran, dass sich das Ego immer wieder einschleicht?

Ja natürlich, wie auch der Schmerzkörper. Wir tragen ja alle einen gewissen Schmerzkörper, entweder von früheren Leben oder von diesem, von der Kindheit. Der Schmerzkörper ist immer präsent, und man muss lernen, damit umzugehen. Der Schmerzkörper hängt mit dem Ego zusammen, und ich glaube, es ist das Schwierigste, das Ego auszuschalten oder wenigstens auf ein Minimum zu reduzieren. Wenn man einen Film macht, der gut ist, und ein bisschen Erfolg hat, hört man von vielen Leuten, wie genial man ist und so weiter. Aber in dem Moment, in dem du anfängst, dies zu glauben, ist es vorbei. Schau dir die Arbeiten von vielen Regisseuren, Malern oder Schriftstellern an: Meist waren ihre frühen Arbeiten die besten, und weil sie mit ihrem Erfolg nicht umgehen konnten, nahm später das Ego überhand.

Was ist deine Schwäche?

Ich glaube, dass es sehr wichtig ist, dass du das, was du sagst, in die Tat umsetzt, und wirklich eine absolute Ehrlichkeit gegenüber dir selbst und dem anderem hast. Manchmal, vor allem in meinem persönlichen Leben, bin ich nicht hundert Prozent ehrlich, weil ich gewissen Menschen nicht wehtun will; zum Beispiel wenn sie mich nach meiner Meinung fragen. Bei engen Freunden bin ich schon sehr ehrlich, aber bei anderen versuche ich, irgendwelche kritischen Punkte eher mit sanfter Sprache zu umschreiben. In diesem Prozess werde ich meinen Weg noch finden.

Ehrlich zu sein, ohne zu verletzen?

Ja, das ist eine ganz feine Gratwanderung. Wann bist du ehrlich, wann bist du nicht ehrlich? Wann sagst du was, wann verschweigst du was? Sich mit Ehrlichkeit auseinanderzusetzen, ist etwas sehr Schwieriges. Aber ich glaube, um sich spirituell zu entwickeln, ist Ehrlichkeit das Wichtigste.

Was ich allerdings sehr schlimm finde, ist Gossip (Klatsch, Gerede). Denn wenn du über andere Menschen schlecht redest, hat das eine wahnsinnig negative Perfektion – und diese Negativität kommt zu dir zurück. Um wirklich nicht über Menschen zu gossipen, musst du jedoch sehr bewusst sein. Gerade in Gesellschaft, wenn über Leute, die du kennst, geredet wird, wirst du schnell hineingezogen. Es ist sehr schwierig, sich dann rauszuhalten und keine Negativität auszulösen.

Was ich sehr schwierig finde, ist, nicht zu werten.

Ja, das geht in eine ähnliche Richtung. Wir schleppen ja so viel mit uns herum, und das Problem ist, dass du nicht nur im Bewusstsein, sondern auch im Unterbewusstsein wertest und einen anderen Menschen nach irgendwas beurteilst. Wir sind so geschult, äußerlich zu werten, dass es sehr schwer ist, dies abzubauen und einfach offen zu sein, sich frei, mit Liebe und offenem Herzen gegenüberzustehen – nicht nur Freunden, sondern der Welt.

Dabei geht es doch um das Thema Liebe?

Alles geht zurück auf die Liebe, denn aller Anfang ist die Liebe – und dann irgendwann kommt die Angst vor dem Tod, diese unglaubliche Angst, zu sterben. Solange wir gesund sind und es uns gut geht, verdrängen wir diese Angst, aber wenn wir wirklich mit Krankheit oder Tod konfrontiert werden, überfällt sie uns. Ich finde es sehr wichtig, sich mit dem Tod auseinanderzusetzen und sich darauf vorzubereiten.

Was reizt dich besonders an Stoffen und Themen?

Mich interessieren Stoffe, bei denen ich etwas dazulernen kann, die mich inspirieren und wo ein Bezug zu mir und meinem Herzen besteht. Das kann auch mal etwas ganz anderes sein. Der Bond-Film, zum Beispiel, ist sehr atypisch für mich und das, was ich normalerweise mache, aber ich habe den Film als eine Art Experiment angenommen. Meine Filme sind für bestimmte Zuschauer, die solche Filme deshalb gerne mögen, weil sie meist schon ein gewisses Bewusstsein haben. Mit einem Bond-Film erreiche ich jedoch eine weite Masse, die sich normalerweise ganz andere Filme ansieht, Filme mit Gewalt und Action. Diese Masse zu erreichen und für das Unterbewusstsein eine universelle Message hineinzusetzen, was in dieser Welt passiert, das wollte ich einfach mal probieren.

Was ist die Message im James Bond?

Es geht darum, Menschlichkeit und Vertrauen wiederzufinden, selbst wenn man den Glauben daran schon verloren hatte.

Wie kam der für einen Bond-Film eher untypische Titel »Quantum of Solace« zustande?

Das ist der Titel einer Kurzgeschichte von Ian Flemming, die aber nichts zu tun hat mit dem Film.

Wann wusstest du, dass du Regie machen willst?

Der Film »Apocalypse Now«, den ich als Teenager gesehen habe, hat mich inspiriert, diesen Weg einzuschlagen, denn die Traumwelt, in die mich dieser Film versetzt hatte, hatte etwas sehr Faszinierendes. Damals dachte ich darüber nach, Bücher zu schreiben oder Filme zu machen. Ich wollte auf jeden Fall Geschichten erzählen, das war mir wichtig, weil dies die älteste Art und Weise der Kommunikation zwischen den Menschen ist.

Was bedeutet Glück für dich?

Glück bedeutet, wenn ich die Menschen um mich herum, die ich liebe, glücklich machen kann.

Ich selbst finde mein Glück vor allem in den Momenten der natürlichen Freiheit – in der Natur: wenn ich im Meer schwimme und die Stärke und Größe der Natur, die mich umgibt, spüre und gleichzeitig die Liebe dieser Natur. Oder im Winter in den Bergen – wenn ich eine Stunde oder zwei hochgelaufen bin und ganz oben auf dem Berg stehe, auf der Spitze, und keinen Menschen mehr sehe, und alles um mich herum weiß ist und still, und wenn ich dann hinabfahre und den Pulverschnee im Gesicht spüre … Das ist so eine wahnsinnige Freiheit. In diesen Momenten habe ich das Gefühl, eins zu sein mit dieser Natur, die so viel größer und stärker ist und eine so unendliche Ruhe birgt – und diese unendliche Ruhe macht mich am glücklichsten.

Im Grunde ein Teil von dem Ganzen zu sein?

Ja, wir alle sind ein Teil eines Ganzen. Du kannst an deinem Bewusstsein so lange arbeiten wie du willst, aber schlussendlich müssen wir wieder zurückkommen und uns gegenseitig helfen – helfen, dieses Bewusstsein zu erreichen, uns zu lösen.

Was bedeutet Luxus für dich?

Zeit zu haben. Ich habe in den letzten Jahren gemerkt, dass meine Zeit sehr beschränkt ist. Einfach irgendwo zu sitzen und den ganzen Tag nichts machen zu müssen, keinen Termindruck zu haben, sondern Zeit, zu reflektieren, das ist unglaublicher Luxus.

Was war die größte Herausforderung für dich?

Die größte Herausforderung ist, glaube ich, ein liebender Mensch zu sein. Liebend heißt, ein offenes Herz zu haben, nicht zu urteilen, nicht zu gossipen und das Ego immer wieder abzubauen.

Auch immer wieder von Neuem einen Film zu machen, eine Geschichte zu erzählen und versuchen, in diese Geschichte meine Philosophie, mein Gefühl und meine Liebe einzubauen, ist eine große Herausforderung für mich. Man wird ja ständig von Neuem konfrontiert mit dem Ego, mit den Stimmen im Kopf, und muss herausfinden, welches wirklich die intuitive wahre Stimme ist, und welche Stimmen vielleicht von irgendwo anders herkommen, aus einer Ängstlichkeit oder was auch immer plötzlich wieder entstanden ist.

Welchen Tipp würdest du jungen Menschen geben?

Wir müssen einfach erkennen, dass die Welt ein lebender Organismus ist und wir ein Teil davon sind. Darum müssen wir anfangen, in einem globalen Sinn umzudenken und vor allem weniger zu konsumieren.

Oft ist weniger zu haben, ein einfacheres Leben zu führen, besser und stimmt einen zufriedener und glücklicher, als ein ambitiöses Leben, rein nach materiellen Zwecken.

Enorm wichtig ist es auch, seine eigenen Träume zu leben; vor allem als junger Mensch, wenn man noch keine Familie zu ernähren hat, finanziell nicht gebunden ist und somit keine Arbeit machen muss, die einem nicht gefällt. Ich glaube, dass du nur so wirklich glücklich werden kannst. Und dabei ist es egal, ob du Schreiner wirst, Filmemacher oder Banker; wenn du deine Träume umsetzt und es richtig angehst,

kannst du wahnsinnig viel Gutes tun. Wie zum Beispiel Muhammad Yunus, der als Banker die Mikrokredite in Indien ins Leben gerufen und dafür den Friedensnobelpreis bekommen hat. Doch zuallererst muss man herausfinden, was man möchte und kann, und dann daran arbeiten, denn alles basiert auf Physik: Ich war immer überzeugt, wenn ich jahrelang versuchen würde, Filme zu realisieren und sehr viel Energie hineinstecke, muss doch irgendwas zurückkommen; da kann doch nicht nichts passieren. Das Ganze funktioniert wie ein Pendel: Ich stoße es an, und es schwingt zurück. Und so ist es mit allem, auch mit der Finanzkrise: Wir waren so gierig und greedy, und jetzt kommt es einfach zurück.

Wie die Natur, die zurückschlägt?

Mit der Natur ist es wie mit allem, es ist genau das Gleiche. Die Menschen und vor allem die junge Generation müssen eines verstehen: Sie können nicht immer nur konsumieren, ohne Konsequenzen. Es muss ein Ausgleich stattfinden zwischen Mensch und Natur, und wir werden damit mehr und mehr konfrontiert und müssen uns der Veränderungen bewusst werden. Wir müssen auf allen Ebenen an uns selbst arbeiten, ob am Ego oder an der Aufrichtigkeit.

Für mich ist dies immer wieder eine neue Herausforderung – es ist kein einfacher Weg. Ich könnte mich in ein Kloster zurückziehen und sagen, gut ich sitze im Kloster, meditiere und erreiche Nirwana; ich glaube, das ist sehr einfach. Viel schwieriger ist es, in unserer Gesellschaft zu leben und zu funktionieren und dabei die gleichen Ziele zu haben.

Ständig ist man mit anderen Menschen und unzähligen Reizen konfrontiert und getrieben, seine persönlichen Wünsche und Bedürfnisse zu erfüllen. Diese einfach loszulassen, ist nicht einfach. Es ist eine permanente Arbeit an sich selbst.

Innegrit Volkhardt

Hotelier

Es nützt einem der ganze Fleiß nichts,
wenn man nicht für das geeignet ist,
was man tut.

Hältst du dich für einen Perfektionisten?

Ja, und zwar in Dingen, die wichtig sind, bei denen das Ergebnis zählt. Da muss man Perfektionist sein. Aber bei gewissen Sachen, die mir persönlich nicht so wichtig sind, wie zum Beispiel die absolute Ordnung zu Hause, bin ich das nicht, denn Perfektionist ist ja der, der die Dinge in der Tiefe hundertprozentig geordnet hat. Wenn man das in seinem Leben auch in untergeordneten Bereichen machen würde, würde man das Wesentliche nicht wirklich weiterbringen.

Machst du dir Druck?

Eigentlich geschieht das alles von selbst, da ich Dinge nicht wirklich loslassen kann, bis sie nicht so sind, dass ich mich damit wohlfühle.

Und das machst du ganz ohne Druck?

Ja, einfach aus diesem Bauchgefühl heraus, dass ich nicht zufrieden bin, solange es nicht wirklich gut ist. Ich prüfe auch lieber dreimal gegen, bevor ich sage, so passt es. Ich würde nie irgendwas, was wichtig ist, nur überfliegen und dann weitergeben, und selbst wenn ich keine Zeit hätte, würde ich es lieber noch eine Nacht liegen lassen oder auch die Nacht durcharbeiten. Dinge, die mir wichtig sind, muss ich verstehen, und dazu muss man, glaube ich, Perfektionist sein, um sich auch durchzuringen, sich so tief hineinzuarbeiten. Sonst hat es keine Qualität.

Du teilst dir die Zeit selber genau ein?

Zeitdruck entsteht schon, weil Dinge weitergehen müssen oder andere darauf warten. Aber ich würde nie einfach was weiterschicken, nur damit es erledigt ist. Das führt natürlich zu langen Tagen. Ob es dann immer unbedingt effektiv ist, weiß ich ehrlich gesagt auch nicht. Aber da kann man aus seiner Haut nicht raus.

Was treibt dich an?

Mein Motor ist, ein gutes Gefühl haben zu wollen, eine innere Ruhe. Die Sachen geordnet zu haben, wie ein Ding, das an seinem Ort stehen muss, weil das innere Gefühl ansonsten sagt, da stimmt was nicht. Es ist der Bauch, der einem sagt, es muss dort stehen, damit es schön ist. Und genau das ist für mich der Antrieb. Und so ist es für mich eben die Sache, die für mich erst dann stimmt, wenn ich sie verstehe, wenn ich sie in der Tiefe durchleuchtet habe.

War es schon immer dein Ziel, dieses Haus zu führen?

Nein, nie. Es hat sich im Laufe der Zeit erst so entwickelt. Meine große Liebe galt eigentlich immer nur den Pferden, und deshalb hatte mich mein Vater auch nicht als die richtige Person für den Betrieb gesehen. Er wollte, dass ich mich wirklich hundertprozentig wohlfühlte in meinem Beruf, und da er mich immer mit Tieren gesehen hatte, glaubte er, ich würde eher etwas in Richtung Tiermedizin machen. Irgendwann musste ich jedoch nach der Schule einem Beruf nachgehen. Ich habe eine Lehre gemacht und mir den Betrieb und den Beruf meines Vaters angesehen, obwohl es von meinem Vater nie wirklich gefordert war, dass ich einmal in dem Betrieb tätig sein würde. Aber nachdem ich im Hotel angefangen hatte, hat mir der Beruf plötzlich auch Spaß gemacht, und als mein Vater dann sehr unerwartet erkrankt ist, war mir klar, dass ich den Betrieb übernehmen würde. Nicht, weil ich es unbedingt wollte, sondern aus einer Verpflichtung heraus und um es mit meinem Gewissen zu vereinbaren. Einen Betrieb, der so mühsam aufgebaut wurde, über Generationen hinweg, den kann man nicht einfach fallen lassen. Und so hat sich die Liebe für diesen Beruf wieder aus diesem Bauchgefühl entwickelt, denn ich wollte ein gutes Gewissen haben und den Verpflichtungen gegenüber meiner Familie gerecht werden. Es geschehen ja oft Dinge, weil man mit allem im Reinen sein will. So ist alles entstanden und wurde mit jedem Tag mehr zu meiner Sache, zu meiner Welt, zu meinem Leben.

Also ist der Schritt vom Gefühl her stimmig für dich, auch wenn er nicht geplant war?

Genau. Es hat sich dann auch so entwickelt, dass es in sich rund wurde und ich immer mehr Spaß daran hatte.

Das heißt, den Schicksalsschlag angenommen, das Beste daraus machen?

Ja, aber sehen, dass es eigentlich ein gutes Schicksal war, dass es wahrscheinlich etwas Vorbestimmtes war, was man nur nicht erkannt hat.

Wie war deine Schulzeit?

Ich war auf einer internationalen Schule, einer Ganztagsschule, an der man schon damals nur 12 Schuljahre hatte und mit einem Highschool-Diplom abschließt. Von den 12 Jahren habe ich mich 11 Jahre nur durchgemogelt. Man sagte mir nach, ich hätte meine Hausaufgaben wahrscheinlich auf dem Pferd gemacht, tatsächlich habe ich sie morgens abgeschrieben. Irgendwann, zu Beginn des 12ten Schuljahres, hatte ich glücklicherweise eine innere Eingebung, die mir sagte, so, jetzt nimmst du es ein Jahr lang ernst. Daraufhin habe ich angefangen, zu lernen, dann plötzlich Spaß daran gefunden und am Ende wirklich noch einen sehr ordentlichen Abschluss gemacht.

Ich glaube, wenn man sich einlässt und sich mit Dingen auseinandersetzt, entwickelt man immer mehr Spaß daran. Man lernt dazu, wird gut, und der Erfolg bringt Freude.

Man sollte Dinge also zuerst ausprobieren und nicht gleich ablehnen?

Man muss reinwachsen, dazulernen, besser werden, egal ob das jetzt ist, dass ich mir den Zugang zu einem Tier erarbeite, oder dass ich irgendwas Technisches erlerne. Es kommt im Leben immer eines zum anderen. Ganz schlimm ist es, glaube ich, sich mit Dingen beschäftigen zu müssen, die einen trotz all dem Wollen und dem Bemühen nicht befriedigen, weil man dafür einfach nicht begabt ist. Deshalb ist es wichtig, herauszufinden, was einem liegt. Man braucht beides: eine gewisse Begabung und Fleiß.

Es könnte also niemand deinen Job machen, der nicht kommunikativ ist?

Das ist eigentlich etwas sehr Beispielhaftes: Mein Vater hatte mich deshalb nicht in diesem Beruf gesehen, weil ich mich nur mit den Tieren beschäftigt habe und nicht mit den Menschen. Ich hatte anfänglich eine extreme Scheu und war dann aber gezwungen, auf meine erste Veranstaltung hier im Haus alleine zu gehen. So habe ich mich dann einfach in dieses Leben eingefunden, obwohl mein innerster Kern immer noch der eines Menschen ist, der lieber mit sich ist, als mit anderen.

Es muss aber anfangs schwierig gewesen sein?

Das war nicht einfach, aber wie gesagt, man wächst mit der Sache. Ich habe es gemacht und bin gewachsen.

Du arbeitest fast rund um die Uhr, das heißt, die Arbeit ist dein Leben?

Ja, genau. Du gehst mit den Gedanken an den Betrieb ins Bett, und du wachst damit auf. Ich habe ja das Glück, dass mein Lebensgefährte aus dem Metier kommt und inzwischen auch bei uns im Betrieb ist. So fängt doch immer der eine oder der andere mit dem Geschäftlichen an. Aber das macht das Leben letztendlich aus.

Du meinst die gemeinsamen Interessen?

Natürlich ist es manchmal auch anstrengend, denn im Betrieb läuft ja nicht immer alles ohne Probleme – aber Privat und Geschäft sind eins, da gibt es keine Trennung.

Sind eure Aufgabenbereiche getrennt?

Sie sind getrennt, aber letztendlich bin ich in einem gewissen Grad natürlich für alles in der Verantwortung.

Kommst du noch zum Reiten?

Nein, leider gar nicht. Mein Pferd ist vor drei Jahren gestorben, und es stand mir so nah, dass ich mir nicht einfach ein neues Pferd kaufen konnte. Es war 24 Jahre mein bester Freund. Sein Tod war für mich ganz, ganz schlimm.
Inzwischen habe ich mir aber einen langjährigen Kindheitstraum erfüllt, dem ich immer gedanklich nachgelaufen bin: Ich habe mir drei Esel gekauft. Die stehen jetzt im Garten und erfreuen mich.

Sind Esel nicht eine besondere Herausforderung, weil sie so störrisch sind?

Esel sind nicht störrisch. Der Unterschied im Kern zwischen einem Esel und einem Pferd ist, dass sich das Pferd als Fluchttier vom Ursprung her in der weiten Steppe aufhält, der Esel aber in bergigen, steilen Gegenden. In der Flucht würde er daher zum Opfer. Deswegen sind Esel sehr vorsichtig, überlegen erst und loten alles aus.

Was sind deine Schwächen?

Beruflich gesehen war eine Schwäche, dass ich in meiner Anfangszeit zu gutmütig war. Doch umso älter man wird, umso mehr realisiert man,

dass es einem das Umfeld nicht dankt, wenn man es immer wieder probiert und immer wieder eine Chance gibt. Deshalb muss ich feststellen, dass ich diese Schwäche zwar abgelegt habe, aber leider inzwischen auch eine Härte angenommen habe, die mir oft selber leid tut. Doch diese Härte musste ich lernen, richtigerweise für den Beruf, um nicht selber in Probleme gezogen zu werden. Eine andere Schwäche ist vielleicht, dass ich eben doch zu sehr Perfektionist bin. Wenn ich mir nicht alles noch mal anschauen würde, damit ja alles stimmig ist, könnte ich wahrscheinlich in der Ausbringung schneller sein – aber ob das im Ergebnis besser ist, weiß ich nicht.

Eine weitere Schwäche ist, dass ich eigentlich kein privates Leben habe, sondern dass mein Leben mein Beruf ist und ich zum Glück ein Umfeld habe, das dieses Leben mit mir teilt. Hätte ich das nicht, wäre ich wahrscheinlich ein ewiger Single.

Du hast ja das Glück, dass dein Lebensgefährte mit dir zusammenarbeitet.

Es ist leider schon ein Problem, dass ich meinem Umfeld zu wenig Zeit gebe. Man nimmt es als selbstverständlich, dass der andere es nicht in Anspruch nimmt, aber es ist eigentlich nicht richtig, dass man gar keinen Abend mehr zu Hause verbringt. Man sollte wenigstens einmal in der Woche am Abend zu Hause sein, das heißt, um neun nach Hause zu kommen und nicht erst um elf. Aber man nimmt es sich vor, und dann ist es doch schnell wieder vergessen. Ich habe auch kein freies Wochenende. Das Wochenende ist meine Aufarbeitungszeit.

Du hast nach der Lehre und der Hotelfachschule noch ein Studium absolviert. War das geplant?

Nein, das hatte sich so ergeben. Ich hatte plötzlich Spaß am Lernen entwickelt. Mein Vater wollte, weil er schon krank war, dass ich von Heidelberg, wo ich an der Hotelfachschule war, zurück nach München komme. Entweder jetzt oder nie, und er war schon daran, das Hotel zu verkaufen. So bin ich eben zurückgekommen und den Kompromiss eingegangen, mein BWL-Studium hier an der Fachhochschule zu machen und parallel bei meinem Vater zu arbeiten. Später war ich dann im Beirat der FHS, doch irgendwann ließ es die Zeit einfach nicht mehr zu. Meist kam freitags ein Stapel Unterlagen, in die ich mich bis Montag einarbeiten sollte. Es tat mir sehr leid auszutreten, mochte aber auch nicht irgendwo dabei sein, ohne gründlich informiert zu sein und mich somit unwohl fühlen, nur um einen Beiratsposten zu belegen.

Du kannst dich gut abgrenzen?

Ich sage konsequent viele Dinge ab, die andere vielleicht mit Begeisterung machen würden. Aber sie bringen meiner eigentlichen Sache nichts. Du tanzt dann auf vielen Hochzeiten und verlierst die eigene Sache aus dem Auge. Es gibt Menschen, die können oder mögen das. Ich nicht.

Warst du schon immer so selbstbewusst?

Nein, ganz und gar nicht. Eher unsicher. Weil es einem auch oft eingeredet wurde.

Inwiefern wurde es dir eingeredet?

Nur ein Beispiel: Einmal im Jahr mussten wir als Familie zu einer Jubiläumsveranstaltung für treue Mitarbeiter hier ins Haus kommen, das wurde so erwartet. Ich kam dann immer ganz demonstrativ in Reithose und schmutzig vom Stall herein, denn ich war einfach nicht so wie die anderen jungen Mädchen, die in Diskotheken gingen und meist nur an ihr Aussehen dachten. Dieses Bild haftete mir an, und Fazit war, die hat nur ihre Pferde im Kopf, was natürlich auch irgendwie so war.

Die Tiere haben dir einfach mehr gegeben?

Natürlich, dadurch entwickelt man auch sein ganzes Umfeld, sein Leben, sein Erscheinungsbild. Es ist anders, ob man sich nur für die neuesten Modetrends interessiert oder für Tiere und die Natur. Das verliert man auch nicht so schnell.

Der Umgang mit den Tieren schult ja auch die Sensibilität und das Hingucken.

Ja, das Hinsehen und auch, was wichtig ist im Leben, diese ganz klare Vorstellung, die man für sich und sein Handeln braucht.

Wenn ich von meinem Pferd etwas reiterisch gefordert habe, und es war halt einfach mal kein so guter Tag, und es lief nicht so, wie ich wollte, habe ich Gott sei Dank relativ schnell gelernt, es bin immer ich. Ich bin es, die unkonzentriert ist, die nicht ganz klar deutlich gemacht hat, was ich erwarte, die in Gedanken woanders war und nicht bei der eigentlich von meinem Pferd geforderten Aufgabe, nicht am nächsten Sprung oder in einer Prüfung oder was auch immer. Man war immer selbst der, der keine klare Vorgabe, keinen klaren Weg vorgegeben hat.

Und das ist, glaube ich, ganz, ganz wichtig für den Beruf und für das Leben insgesamt, selber zu wissen, was du willst und wohin du willst, auf deinem Weg zu sein und den Weg nicht aus dem Auge zu verlieren und ihn natürlich auch den »Mitstreitern« klar aufzuzeigen.

Es ist eigentlich die beste Schule?

Es ist super. In dem Moment, wo du die Zügel lang lässt, ist es noch eine Weile in Ordnung. Aber in dem Moment, in dem das Pferd plötzlich anfängt zu stolpern, weißt du, jetzt ist es Zeit aufzupassen. Das ist schon sehr, sehr wichtig, und diese Erkenntnis überträgt sich auf dein ganzes Handeln. Es liegt nicht an dem anderen, sondern frag dich erst mal, ob du richtig vorgibst bzw. kommunizierst. Wenn man im Leben strauchelt, ist man meist müde und unkonzentriert.

Wie arbeitest du an deiner Persönlichkeit?

Mit den Tieren, wobei ich weniger an meiner Persönlichkeit arbeite, sondern einfach versuche, ich selbst zu sein. Bei meinen Eseln genieße ich das Normale, Echte und Erdige. Esel sind ja irrsinnig brav und, wie schon gesagt, überhaupt nicht stur. Sie machen das, was man gemeinsam für gut befindet.

Wie war denn die Reaktion der Mitarbeiter hier im Haus, als du angefangen hast? Die kannten dich ja eigentlich nur als die Reiterin.

Es gibt mehrere Dinge, die mir in meinem Leben zugute kommen. Eines davon ist, dass ich mir nie wirklich Gedanken darüber gemacht habe, was andere über mich denken. Es geht mir immer um die Sache.

Der Anfang war also ein Sprung ins kalte Wasser?

Ja, absolut. Ich hatte zwar während des Studiums schon hier gearbeitet und deshalb gleich wieder einen Bezug zum Hotel gehabt, aber ich wurde von meinem Vater sehr schnell mit der Realität konfrontiert, dass ich damit alleine zurechtkommen musste, denn er war nur hin und wieder im Betrieb, und es gab keinerlei Rückkoppelung zu ihm. Letztendlich war es gut, gleich ins Wasser gestoßen zu werden. Das stärkte meine Eigenständigkeit, denn es war niemand da, hinter dem ich mich verstecken konnte. Ich war alleine – ich musste meine Position stehen.

Was ist das Wichtigste, das man mitbringen muss, um so ein großes Hotel zu führen?

Zum einen unternehmerisches und kaufmännisches Denken und zum anderen

Kreativität und Mut. Auch natürlich hoffentlich immer das richtige Bauchgefühl zu haben, Dinge zu verändern, die für die Sache gut sind. Was immer ich für das Hotel entwickelt habe, mochte ich auch persönlich, aber es hätte ja durchaus sein können, dass es außer mir niemand mag. Insofern, glaube ich, ist es auch eine Begabung und natürlich Glück, das richtige Gespür dafür zu haben, was bei den Menschen ankommt. Das liegt bei mir vielleicht auch in den Genen. Ich bekomme oft zu hören, ich sei in vielen Dingen wie mein Vater.

Hat dich dein Bauchgefühl schon mal verlassen?

Leider ja. Ich lag zum Beispiel einmal daneben, als es um das Besetzen einer wichtigen Position ging. Der Bewerber kam aus den USA und konnte sich sehr effektiv und positiv verkaufen, doch es war nicht viel dahinter. Es gibt vielleicht eine Menge Dinge, die wahrscheinlich immer ein Rätsel bleiben werden – aber sonst wäre es ja langweilig.

Bei einem Tier zum Beispiel ist es ja das Schöne, dass du glaubst, es zu kennen und somit möglicherweise weißt, dass du es nie wirklich berechnen kannst. Die Berechenbarkeit des Unberechenbaren. Bei einem Tier ist es mir bewusst, während ich es beim Menschen oft verdränge.

Was ist Luxus für dich?

Zeit, eindeutig Zeit, nichts anderes.

Was bedeutet Glück für dich?

Glück ist für mich, ein intaktes, gesundes Umfeld zu haben, aber auch den Alltag bewusst zu leben: Die Ruhe zu haben, bei den Tieren in der Sonne und in der Natur zu sein – aber auch Zufriedenheit in seiner Aufgabe zu finden.

Was kannst du jungen Menschen empfehlen?

Herauszufinden, worin man begabt ist, und unbedingt das zu tun, woran man wirklich Spaß hat. Mit dem Spaß kommt das Können, das beflügelt und spornt an, dadurch stellt sich der Erfolg ein, und man bekommt meist die Belohnung für das, was man investiert hat. Begabung plus Fleiß potenziert die Sache, und das ist wichtig. Es nützt einem der ganze Fleiß nichts, wenn man nicht für das geeignet ist, was man tut.

Michael Mendl

Schauspieler

*Ich kann nicht so oberflächlich sein.
Das kann ich nicht,
und das will ich auch nicht.*

Hältst du dich für einen Perfektionisten?

Es gibt eine Art Perfektionismus, weil ich Dinge richtig machen und geordnet haben möchte, um mir das Leben zu erleichtern. Aber es gibt natürlich auch die Gegenseite, den Schlamper in mir, der den großen Wunsch nach Perfektionismus hat und ihn aber nicht erreicht. Dann schiebe ich Dinge nach hinten, schleppe sie mit und spüre dennoch eine gewisse Unruhe in mir, eine Unzufriedenheit, weil ich mir selber Druck mache.

Du steckst dir hohe Ziele?

Im Privatleben stecke ich mir hohe Ziele. Ich möchte alles so hinkriegen, dass die Familie intakt ist und jeder Freude daran hat, innerhalb der Familie miteinander zu leben. Das erfordert Toleranz, die man üben muss, insofern ist Toleranz ein großes Ziel. Und im Beruflichen möchte ich aus der Verantwortung dem Beruf gegenüber heraus natürlich das Beste machen, was ich kann. Als Schauspieler hat man als Handwerkszeug nur sich selbst, und natürlich passiert es auch, dass man nicht alles so hinkriegt, wie man will. Wenn ich eine Vision von einer Figur habe und fin-

de, so wäre es die beste Art es zu erzählen, ist es mein Bestreben, das auch rüberzubringen. Aber dann kann es sein, dass mir durch Kollegen, durch den Regisseur oder durch die Redaktion diese Möglichkeit genommen wird. Irgendwann sagt man sich, ja gut, dann war es halt ein Film wie jeder andere auch, und ich habe mein Ziel leider nicht geschafft.

Schaust du dir deine Filme an?

Ja klar schau ich sie mir an, um nicht stehen zu bleiben, sondern weiterzukommen. Es ist ein ständiges Aufnehmen, Inhalieren und wieder Ausatmen.

Man sagt, Charlie Chaplin schaute sich seine Filme nur alleine an, weil er weinen musste, wenn er sich sah. Kannst du das nachvollziehen?

Das kann ich mir gut vorstellen. Ich bin allerdings nicht so ein Mensch. Ich teile gern und gucke zu Hause auf jeden Fall gemeinsam mit Caro (Schauspielerin Carolin Fink), und wenn der Film für die Kinder was ist, auch mit ihnen. Unsere siebzehnjährige Tochter Joanna hat selber bereits sechs Filme gemacht, sodass wir gut darüber reden können. Natürlich will man auch mal ein Lob hören, und trotzdem sagt man sich immer, es hätte noch ein Stückchen besser gehen können. Das ist der Perfektionismus in einem – oder vielleicht ist es einfach die Liebe zum Job.

Was gibst du deiner Tochter Joanna mit auf ihrem beruflichen Weg, denn in der Schauspielerei ist das Leben ja eine ziemlich Berg- und Talfahrt?

Sie bekommt das schon mal hautnah mit, vor allem bei zwei Schauspielern, die auch noch ganz unterschiedlich arbeiten. Und natürlich zählen wir die Gefahren dieses Berufes auch auf: der, wenn alles gut geht, zu schnelle Ruhm und die damit verbundene große Fallhöhe, gerade heute, in unserer Medienwelt. Unsere Tochter ist mit sich selbst superkritisch, sodass wir ihr eher klarmachen müssen, dass sie darauf vertrauen kann, wenn wir oder andere ihr sagen, dass sie gut war. Wichtig ist, dass du nach oben immer einen offenen Kopf hast und somit Freiraum für Weiterentwicklung, für Phantasien, für ein Vorankommen. Und zwar so, dass deine Seele zufrieden ist, und nicht die anderen es sind.

Wie entwickelst du dich weiter? Machst du das ganz alleine?

Ich habe 25 Jahre Theater gespielt, über 200 Rollen – also fast alles, was es gibt, und bin immer noch offen für das Neue.

Du hast bereits mit vierzehn Jahren am Theater angefangen.

Am Nationaltheater Mannheim war ich sechs Jahre lang Statist und bin in der Schule zweimal sitzen geblieben, weil ich mich immer nur im Theater herumgetrieben habe. Aber wenigstens war ich nicht auf der Straße bei den Halbstarken. In den 50er und 60er Jahren war es eine wüste Stadt und neben Frankfurt die größte Halbstarkenstadt in Deutschland. Da war die Gefahr, abzurutschen oder sich proletarisch zu entwickeln sehr groß.

Hattest du damals schon das feste Ziel Schauspieler zu werden?

Ja, das ist in dieser Zeit entstanden und hat mich sehr geprägt. Ich habe alles gemacht, was man am Theater machen konnte: hundertzwanzig Mal die Zauberflöte beleuchtet, Kulissen geschoben. Ich gehörte zu zehn Auserwählten einer Horde von 120 Statisten, die körperlich besonders begabt waren, sodass wir Ballettunterricht bekamen und im Background auch schon Ballettabende mittanzen durften. Ich habe Statisterie mit kleinen Rollen im Schauspiel gemacht und auch viel in der Oper. Da ich schon mit vierzehn sehr männlich aussah, hochgeschossen, ziemliche Kanten im Gesicht, war ich sehr gefragt und habe mich dann für Haupt- und Generalproben von der Schule befreien lassen oder einfach geschwänzt.

Wie haben deine Eltern reagiert, als du wegen des Theaters die Schule vernachlässigt hast?

Meine Eltern haben das alles mitgemacht. Sie haben überhaupt toll reagiert. Ich hatte zu dieser Zeit, man höre und staune, ein Verhältnis mit meiner Kunstgeschichtelehrerin, die ich auch zu Hause vorgestellt habe.

Warst du, als du das Verhältnis hattest, noch Schüler?

Ja, ich war so siebzehn, achtzehn. Sie hat mich in Schriftstellerkreise in Heidelberg und in Darmstadt gebracht. Ich habe Autoren wie Karl Krolow kennengelernt. Wir haben viel über Literatur geredet, mein ganz großes Hobby war damals Jazz und Lyrik. Ich habe nie Romane gelesen, sondern immer nur Gedichte aus aller Welt und auch ganz moderne Lyrik. Sie hat Holzschnitte gemacht und mich darin verewigt, sei es in irgendwelchen Brecht-Illustrationen, überall erscheint mein Gesicht. Ja, das war für mich unendlich aufregend, und ich konnte es sehr genießen.

Kann man das als schicksalhafte Begegnung bezeichnen?

Absolut. Ich verdanke ihr sehr viel. Sie hatte auch Verbindungen zu Film und Theater, und durch sie habe ich gerade über Kunst wahnsinnig viel gelernt. Dafür bin ich ihr auch heute noch sehr dankbar.

Deine Eltern waren sehr tolerant.

Dabei war es eine streng katholische Familie. Es gab in der Familie überhaupt keine Schauspieler, allerdings wurde Klavier gespielt, zwar keine große Kunst, aber sie haben mir beigebracht, wie man klassische Musik versteht und wie man damit leben kann. Das habe ich von zu Hause mitbekommen. Meine Mutter hatte einen für mich ganz wichtigen Satz gesagt: Wenn du unbedingt Schauspieler werden willst, was machst du, wenn du ein schlechter Schauspieler wirst? Daraufhin habe ich gesagt: Dann bleibt nur eins, dann muss ich eben ein guter werden.

Wie war dein Weg zum guten Schauspieler? Learning by doing oder hast du eine Ausbildung im klassischen Sinn gemacht?

Da ich zwei Pässe habe, einen österreichischen und einen deutschen, bin ich nach dem Abi nach Wien, denn als Inländer bezahlte man in

Österreich nur ganz wenige Studiengebühren. Es gab nicht viel Geld von zu Hause, ich musste dazuverdienen, war sehr sparsam und habe selber gekocht. Das hatte mir meine Mutter beigebracht, kochen und Hemden bügeln und so was. So ging das ganz gut. Ich habe mich in Theaterwissenschaft und Kunstgeschichte und Philosophie inskribiert, wie die Österreicher sagen. Alles unter der Prämisse, ich möchte nur meinen Horizont erweitern, das mache ich zwei Jahre, und dann gehe ich auf die Schauspielschule.

Du hast also nur für deine persönliche Weiterentwicklung studiert?

Um noch etwas dazwischen zu machen. Dann habe ich eine kleine Rolle an der Josephstadt gespielt und die Aufnahmeprüfung am Max-Reinhardt-Seminar gemacht – aber ich wurde nicht genommen, ich hatte nicht bestanden. In der Verzweiflung habe ich eine Flasche Cognac in mich hineingeschüttet. Dann kam auch noch der Einberfungsbefehl zur Musterung für das Österreichische Heer, und dann bin ich wieder zurück nach Deutschland. Da ich in Deutschland bereits angegeben hatte, in Österreich zu dienen, war ich aus der EDV-Anlage draußen und musste nie zum Militär.

Nicht aufgenommen zu werden, musste ja der totale Tiefschlag für dich gewesen sein.

Das war eine Niederlage. Ich war 20, und ich hatte gedacht, dass ich begabt wäre und dass dies der richtige Ausbildungsweg für mich sei, zumal mir an der Josephstadt vorher alle gesagt hatten, dass es gar keinen Zweifel gäbe, dass ich die Aufnahmeprüfung bestehe. Ich musste lernen, dass nicht alles von mir allein abhängig ist. Es gibt die Prüfungskommission, und dann wird halt abgestimmt, das ist eine ganz subjektive Ange-

legenheit. Ich war zum Beispiel überhaupt nicht der Typ von Frau Nico-
letti, die damals die geheime Oberchefin vom Max-Reinhardt-Seminar
war. Heute weiß ich wie das läuft, weil ich sieben Jahre an Schauspiel-
schulen unterrichtet habe. Damals habe ich versucht, den Grund zu er-
fragen, aber sie haben mir darauf keine Antwort gegeben. Das fand ich
ungerecht. Ich fand überhaupt das Leben in Wien ungerecht. Ich hatte als Rheinländer natürlich eine ganz andere Lebensauffassung als die
Wiener und kam oft mit den Österreichern nicht klar.

Wie hast du dich gefühlt?

Ich war schon traurig. Du musst dir vorstellen, 1964 war Wien wirklich
eine graue morbide Stadt, eine Selbstmörderstadt. Nicht zu vergleichen
mit heute. Da durchzugehen war eine harte Schule. Aber es gibt keinen
Zufall. Alles Ding hat seine Zeitritze, und da fällt der Groschen rein –
und wenn er drin ist, dann ist er drin, und wenn er daneben liegt, musst
du gucken, dass du ihn in eine andere Ritze wirfst.

*Wo hast du den Groschen dann reingeworfen? Was war dein nächster
Schritt?*

Das war Professor Werner Kraut, damals ein sehr geachteter Theaterregisseur, mit dem ich an der Josephstadt eine kleine Rolle gespielt habe.

Wie kamst du in der Josephstadt zu der Rolle?

Ich wusste, dass der Kraut, den ich aus meiner Statistenzeit aus Mannheim kannte, ein Lieblingslokal hatte. Und da bin ich einfach reingegangen, habe mich klopfenden Herzens zu ihm gesetzt und ihn gefragt, ob er sich noch an mich erinnert. Nun war der Kraut auch der Rektor der Folkwangschule in Essen. Und als ich ihm dann erzählt habe, dass ich die Aufnahmeprüfung nicht bestanden habe, meinte er, dann kommst du eben zu mir.

Du musstest an der Folkwangschule keine Aufnahmeprüfung machen?

Der Kraut meinte, er habe so wenig Zeit, ich müsse für ihn den Brief, dass sie mich aufnehmen sollen, an den Institutsleiter schreiben. Ich, zitternden Herzens, nach Hause, und dann haben wir den Brief geschrieben. Ich kam dann ins Theater und legte ihm den Brief in einer Inszenierungspause vor. Er bestellte sich russische Eier, verlangte nach einem Kugelschreiber, kürzte – so richtige Theaterstriche –, das weg, das brauchen wir nicht, hat dabei ein bisschen Eiersalat verrieben, hat unterschrieben und gesagt, schick das ab, ich bin bekannt für kurze Worte. Ich schlug ihm vor, den Brief noch mal zu tippen. Nein, hat er gesagt, es steht alles drin, was gesagt werden muss.

Und damit warst du sofort aufgenommen?

Ich wurde auf die Folkwangschule eingeladen, musste aber, weil es mitten im Semester war, ein halbes Jahr warten. Um Geld zu verdienen, habe ich als Schichtarbeiter in der BASF gearbeitet, das heißt 12 Stunden arbeiten, 24 Stunden frei. Ich habe dort für eine Sklavenfirma gearbeitet, wie es sie heute noch gibt. Du bekamst zwei Mark 21 die Stunde, aber es war die schlimmste Arbeit, die es gab. Es war in der Auraminfabrik, dort wurde dieser gelbe Farbstoff hergestellt. Dieser gelbe Farbstoff in Pulver oder in flüssiger Form war so konzentriert, dass ein Tropfen tausend Liter Wasser färbte.

Also dementsprechend giftig?

Gesund war es auf keinen Fall. Es war ein Knochenjob. Wir mussten die Ammoniakfilter immer öffnen und dieses ganze Ammoniak einatmen. Und staubig war es auch in der Mühle. Wir bekamen einen Liter Milch am Tag und mussten uns von oben bis unten einlehmen, damit dieses gelbe Zeug nicht so in die Poren ging.

Wie stell ich mir dieses Einlehmen vor?

Das war ganz witzig. Du gehst in das Werk, ziehst dich nackig aus, hast einen großen Lehmtopf, und schmierst dich von oben bis unten ein. Dann stellst du dich in den Trockenschrank, damit das alles trocknet, ziehst deine Schutzkleidung darüber und deinen Helm und gehst los arbeiten. Durch den Schweiß löst sich das natürlich wieder, und du musst immer mit dem Ton nachschmieren.

War dieses Einlehmen auch als Schutz vor Giftstoffen gedacht?

Nein, einfach wegen der Farbe Auramin, also Gold. Meine Mutter ist verzweifelt, weil die Bettwäsche immer quittengelb war, obwohl ich mich geduscht hatte, aber man kriegte es einfach nicht weg.

Das war eine harte Zeit.

Ja, aber dort verdiente ich am meisten. Ich hatte dann sogar ein kleines Auto, einen 4 CV, den ich Emma nannte. Ich weiß noch, wie ich immer einsam, morgens um halb sechs, zum Parkplatz lief. Ich liebte Protestsongs, besonders »Eve of Destruction« von Barry McGuire. Den habe ich dann lauthals gesungen. Das war mein Gefühlsausbruch gegen die Ungerechtigkeit der Welt, denn ich hatte damals schon einen großen Gerechtigkeitssinn. Der hat mich auch angetrieben, kryptisch zu denken und mich mit Leuten anzulegen. Ich hatte ziemlich viel Zivilcourage und habe kein Blatt vor den Mund genommen.

Du bist kein Gruppenmensch?

Nein. Überhaupt nicht. Ich tu mich schwer dabei. Nicht, dass ich es verachte, aber ich suche es nicht unbedingt. Es ist auch so ein romantisches Gefühl in mir, der einsame Wolf, der sich so durchs Leben schlägt, das habe ich schon immer gern in mir gefühlt.

Wenn man kein Blatt vor den Mund nimmt, dann hat man es nicht so leicht im Leben. Man eckt oft an.

Ja, auf der Schule war ich erst Klassensprecher, dann Schulsprecher, und auf der Folkwangschule war ich ASTA-Sprecher. Damals habe ich mit Aktionen auf der Kettwiger Straße gegen die Akademiegesetze protestiert, um dem Publikum auf der Straße Einblick zu gewähren, was in der Schule gemacht wird. Ich war sehr rührig und war auch einer der ersten Instandbesetzer, da gab's das Wort überhaupt noch nicht. Ich habe ein 240 Jahre altes Haus, das abgerissen werden sollte, einfach besetzt, habe fünf Wohnungen daraus gebaut, diese an Studenten weitergegeben und mich mit der Stadt rumgeschlagen.

Zu welcher Zeit war das?

Das war 1966. Ich hatte Heizungen, Bäder und Küchen reingebaut und hab's den Leuten von der Stadt gezeigt. Das reißt ihr nicht ab!

Wann und wie hast du gelernt, Bäder und Küchen zu bauen?

Ich war handwerklich schon immer sehr begabt. Je nachdem, wo ich gerade war, habe ich Möbel gebaut und restauriert. Für meinen Sohn habe ich damals zum Beispiel einen verstellbaren Schreibtisch gebaut, mit allen Raffinessen und nach meinen Plänen. Ich habe mir auch besondere Holzverbindungen ausgedacht. Ich bin ein Mensch, der komischerweise mit Klebstoff viel am Hut hat. Auch im Ausland gehe ich manchmal in einen Baumarkt und gucke, was die für Klebstoffe haben. Also alles, womit man was verbindet. Was dann hält – zusammenhält.

Ist das vielleicht dein Thema?
Zusammenhalt, Verbinden.

Ja, das hängt zusammen. Ich mag auch gerne Holz, denn es lebt und hat Maserung, die man ausarbeiten kann. Ich habe das Finish von großen Eichentischen mit einer hauchdünnen Rasierklinge gemacht, und trotzdem weiß ich, dass bei den ganzen alten Möbeln, die zu Hause stehen und die alle durch meine Hand gegangen sind, irgendwas offen geblieben ist. Das hat auch was mit meinem Leben zu tun. Auch wenn andere es vielleicht gut finden, für mich ist es nie wirklich ganz perfekt.

Zurück zu deiner Kindheit. Wurdest du schon früh selbstständig, weil du ein uneheliches Kind warst und die ersten Jahre alleine mit deiner Mutter gelebt hast?

Ich habe meine Mutter wenig gesehen, weil sie natürlich versuchen musste, Geld zu verdienen, was nicht so einfach war. Sie war damals Buchhalterin in einem Möbelgeschäft und der Typ hat sie unheimlich ausgenutzt. Sie musste Überstunden machen und wurde nicht bezahlt. Ich musste in Leverkusen alleine zum Kindergarten laufen, vorbei an dem riesigen Bayerwerk und über den Marktplatz. Ich musste alles allein machen. Ja, ich war einsam. Ich war allein. Es war niemand da. Ende aus. Ich lief als Vierjähriger allein drei Kilometer über Hauptverkehrsstraßen.

Wurde dir das erst später bewusst oder kamst du dir auch damals alleine vor?

Ich kam mir schon einsam vor, aber da ich nichts anderes kannte, konnte ich es nicht vergleichen. Ich habe nur irgendwann festgestellt, dass ich keinen Papa habe. Eines Tages hat meine Mutter einen Österreicher kennengelernt, den Ernst Mendl. Wir wohnten damals in einem winzigen acht Quadratmeter kleinen Raum mit einem gemauerten Spülstein, einem Stahlbett, einem Herd, einem schmalen Schrank und einem kleinen Tisch. Ich schlief mit meiner Mutter in dem einen Bett, und eines Morgens wachte ich auf, da ging ein nackter Männerarsch an mir vorbei. Das war der Onkel Ernst. Und ein paar Tage später habe ich ihm einen Heiratsantrag gemacht: Du, Onkel Ernst, du könntest doch eigentlich mein Papa werden? Meine Mutter ist vor Verlegenheit unter den Tisch gesaust. 1949 haben sie geheiratet, und ich habe dann im Alter von fünf Jahren einen Papa gehabt. Und dann ging's mir gut.

Es gab nie Probleme mit deinem neuen Vater?

Nie. Auch nicht in der Zeit des Generationskonflikts, der dann 68 eskalierte, als alle um mich herum im Clinch mit ihren Vätern lagen. Ich sagte immer, ich weiß nicht, was ihr habt, mit meinem Vater ist alles wunderbar. Er ist tolerant, ich kann mit ihm reden, es gibt schon Differenzen, aber letztendlich setz ich mich durch. (lacht) Ich war so eine Art zentrale Figur in der Familie.

Du hattest ja schon die Ehe gestiftet ...

Ich hatte auch eine große Bürde. Mein Erzeugervater ist ja ein katholischer Priester, und es war für meine Mutter sehr schlimm, dass er sie nicht, wie versprochen, geheiratet hat. Sie war dann diejenige, die einen katholischen Priester verführt hat. Der Bischof zu Köln hatte sie als Hure abgestempelt und rausgeschmissen, und mein Erzeugervater hat sich verhalten wie eine Drecksau. Deshalb war ich für sie ihr Ein und Alles, der zentrale Punkt in ihrem Leben.

Hast du auch die Verantwortung für deine Mutter getragen?

Ja, und das hat mich natürlich in jungen Jahren oft sehr bedrückt. Als Dreizehn-, Vierzehnjähriger kannst du nicht die Verantwortung für deine Mutter übernehmen, doch ich musste es. Ich musste mitentscheiden, welchen Pullover sie kauft oder welche Couch … Das hing mir zum Hals raus. Ich wollte das alles nicht und habe mich innerlich dagegen gewehrt.

Was war denn dein Ventil, um den Druck rauszulassen?

Ich habe mich, zum Schrecken meiner Eltern, sehr früh selbstständig gemacht. Mit elf Jahren bin ich mit drei Kumpels mit dem Fahrrad über den Brenner nach Venedig gefahren und mit 15 nach Korsika getrampt. In Marseille wäre ich beinahe der Fremdenlegion zum Opfer gefallen, weil »Anheuerer« mich besoffen gemacht haben, da sie nicht wussten, wie jung ich war. Meine Jungs, die etwas älter waren, haben mich dort gerade noch rausgeholt. Ich hab schon ein ziemlich bewegtes Leben geführt. Meine Eltern wussten das alles nicht so genau, aber sie haben mir immer vertraut. Sie haben mich machen lassen, was ich wollte. Ich konnte sie aber auch immer um den Finger wickeln und mit einem Lächeln im Auge überzeugen, dass dies oder jenes für mich im Moment das Allerbeste wäre, und sie wollten doch immer, dass es mir gut ginge.

Glaubst du, dass das Vertrauen deiner Eltern dir die Stärke gegeben hat, deinen Weg zu gehen?

Ja, auf jeden Fall.

Du bist mit deiner Frau Carolin Fink Botschafter bei Brustkrebs Deutschland e.V. aus traurigem Grund: Deine Mutter ist an Brustkrebs gestorben.

Ja, mit 64, und ich war 34. Es war ein qualvoller Tod. Wir hatten gehofft, dass es nach dieser Chemotherapie gut gehen würde, da sieben Jahre vergangen waren, aber dann war von heute auf morgen der ganze Körper von oben bis unten voll Metastasen. Und dann … Es war ein jämmerliches Sterben.

Warst du dabei?

Nein. Ich habe sie noch aufgebahrt gesehen … Unglaublich war, dass der Priester zur Beerdigungsfeier zu spät kam – über eine Stunde. Mein Vater meinte, das passte in ihr Leben, dass der zu spät kommt … Und dass ausgerechnet ich so viele Priesterrollen spiele. Ist das nicht komisch? Erst den Papst, und jetzt habe ich gerade einen Priester im Vatikan gespielt.

Wann hast du erfahren, dass dein Vater ein Priester ist?

Das weiß ich nicht so genau. Irgendwo so um die acht, neun, das hatte sich so ergeben, und ich fand das ganz toll. Ah, mein Vater ist katholischer Priester! Das haben andere nicht. Ich bin ein besonderes Opfer. Später mit zwölf, als ich in einem Anflug von Blödheit Priester werden wollte, hatte mir meine Mutter dann wirklich in Einzelheiten alles erzählt.

Hattest du denn jemals Kontakt zu deinem leiblichen Vater?

Ich habe ihn nie gesehen.

Hattest du es versucht?

Ich hab es mir mal überlegt. Er unterrichtete ausgerechnet an einer Schule, auf die mein Halbbruder gehen sollte, aber das wollten wir dann auf keinen Fall.

Hast du dich mit deinem Bruder gut verstanden?

Geht so. Die Verbindung ist heutzutage ziemlich lasch. Wir haben uns nicht viel zu sagen.

Nachdem du so eine enge Bindung zur Mutter hattest, war es für dich als Siebenjähriger ein Problem, dass nun ein Bruder nachkam?

Die Umstände, wie Thomas auf die Welt gekommen ist, haben mich gar nicht darüber nachdenken lassen. Meine Mutter hätten sie hier im Krankenhaus Dritter Orden in Nymphenburg fast verbluten lassen, weil sie dachten, sie hätte abgetrieben und sei eine Prostituierte und hätte irgendwie Scheiß gebaut. Diese Nonnen haben sie behandelt wie den letzten Dreck. Sie wäre beinahe gestorben, wenn nicht ein Arzt gekommen wäre und gesagt hat, seid ihr denn des Wahnsinns! Da kommt ein Kind zur Welt! Es war alles höchst dramatisch. Wie so vieles im Leben meiner Mutter.

Und wieder gab es den Konflikt mit der katholischen Kirche.

Es war nie einfach. Ich habe mir immer wieder einen Aphorismus von Nietzsche vor Augen gehalten, der ungefähr so lautete: Wenn der Mensch leichten Fußes geht, weil er glaubt, der Weg sei leicht, dann wird der Weg am schwersten, denn er übersieht Dinge und stolpert schnell. Darin steckt viel Wahrheit.

Deine Jahre am Theater waren auch nicht immer einfach.

In Esslingen musste ich immer zu Fuß zum Theater laufen, vier Kilometer oder mehr. Während ich mich auf dieser Strecke auf die Abendvorstellung vorbereitet habe, hatte ich gleichzeitig einen gerechten Zorn im Bauch und habe mir geschworen: Jetzt bin ich zwar in Esslingen, aber eines Tages werde ich doch Karriere machen. Ich werde es der Welt schon zeigen.

Das Residenztheater hatte dir 1992 gekündigt. Wie kam es dazu?

Ja, das war eine »schöne« Anekdote. Der Beelitz (Günther Beelitz, Intendant am Residenztheater 1986–93) ging weg, und es kam ein neuer Intendant, Eberhard Witt (Intendant von 1993–2001). Er war die rechte Hand von Boy Gobert (Schauspieler und Theaterregisseur) gewesen, ein Verwaltungsmensch, nicht besonders künstlerisch, und ich habe hin und her überlegt, ob ich kündige oder nicht, denn meine Agentin sagte, in dem Moment, wo du frei bist, machst du eine Filmkarriere. Ich trug jedoch Verantwortung, schließlich war ich sieben Jahre am Resi und somit eine der Säulen. Ich habe alles gespielt, was gut und teuer war, war beliebt, und mir ging's gut.

Zu der Zeit war ich 49 Jahre alt. Doch dann kam mir der Witt zuvor. Und jetzt kommt die Geschichte: Ich komme abends ins Theater und muss beim Pförtner unterschreiben, dass ich ein weißes Kuvert empfangen habe. Ich geh in die Garderobe, zieh mich um, geh in die Maske, setz mich hin, lass mich schminken, öffne dabei den Brief und lese: »Wie Sie wissen, Herr Mendl, zieht ein Intendantenwechsel auch immer Konsequenzen im künstlrischen Bereich nach sich. Davon sind auch Sie betroffen.« – Das war meine Nichtverlängerung.

Und es gab kein persönliches Wort?

Nein, nichts. Und stell dir das mal vor: »Davon sind auch Sie betroffen.« Einen größeren Schlag ins Gesicht kannst du gar nicht kriegen. Und jetzt kommt aber der Geck: Die Vorstellung, die ich an jenem Tag spielte, hieß: »Ein Morgen gibt es nicht«.

Und wie fühltest du dich damals, als du den Brief in der Hand hattest?

Ich fühlte mich mal wieder als besonderes Opfer und habe überall erzählt, was das für ein Idiot ist. Wie der mich behandelt. »Davon sind auch Sie betroffen.« Also das ist ja wohl das Allerletzte!

*Du hast aber eine ganz besondere Art mit Schicksalsschlägen umzuge-
hen, vom Opfer zum Sieger.*

Ich habe allen gesagt: Hey guckt mal, was ich für einen Brief in meinem
Leben bekommen habe! Den häng ich mir auf. Und dann fing ich mit 49
an, Filme zu machen – über 200 Filme.

Hast du diese Stärke in der Kindheit entwickelt?

Bestimmt. Und wegen meiner ganzen Biographie, glaube ich, bin ich
auch ein tiefer Mensch geworden und habe den Hang, tiefe Figuren zu
spielen, Charakterfiguren. Ich kann nicht so oberflächlich sein. Das
kann ich nicht, und das will ich auch nicht.

Hattest du jemals Existenzängste im Leben?

Sicherlich. Ich hatte ja als junger Schauspieler schon eine Familie, denn
ich wollte auf jeden Fall Vater sein. Der Zeitpunkt, dachte ich damals, ist
nie richtig, Geld hat man nie, es ist also egal, wann, und so bin ich wenigstens ein junger Vater. Das hat Adrian, der mittlerweile 41 ist, leider
nicht sehr viel genützt, da ich auf der Karriereleiter immer alle zwei Jahre das Theater gewechselt habe, um weiterzukommen: Paderborn, Esslingen, Kaiserslautern, Augsburg, Darmstadt, und schließlich Stuttgart.
Dort war ich nach sechzehn Jahren in der Theaterwelt anerkannt.

Sechzehn Jahre ist eine lange Zeit.

Ich war überall sehr erfolgreich, aber eben immer auf der Stufe, auf der
das Theater sich befand. Und so versuchte ich immer, eine Stufe höher zu
erklimmen. Alle zwei Jahre bin ich weiter gezogen. Ein Wanderleben.

Was sind deine Schwächen?

Da gibt es, glaub ich, eine ganze Menge. Ich bin auch, geprägt durch die
Kindheit und durch das Elternhaus, ein Suchtmensch im besten Sinne.
Das heißt, ich habe Sucht nach Vielfältigkeit, nach Ausbreitung. Ich habe wahnsinnig gern geraucht und wahnsinnig gern getrunken, jedoch
immer verantwortungsvoll. Es hat nie eine Aufführung oder irgendwas
darunter gelitten, ich war auch nie krank, sondern ich bin durch das Leben durch.

Wie bist du mit deinen Schwächen umgegangen?

Ich habe sie nicht unbedingt gemocht. Ich hatte mal über ein paar Jahre eine Beziehung mit einer Therapeutin, die hier ein Heim für schwer erziehbare Mädchen leitete. Von ihrer Betreuung und den Umgang mit jungen Menschen habe ich ziemlich viel gelernt. Sie sagte mir immer, du bist ein guter Schauspieler, aber wenn du eine Therapie machst, bist du noch ein besserer. Das habe ich nie verstanden. Das verstehe ich auch bis heute nicht. Warum soll ich eine Therapie machen? Ich bin, wer ich bin. Das, was ich habe, so wie ich bin, damit arbeite ich,

das ist mein Handwerkszeug, damit fülle ich Rollen aus. Ich lasse mich nicht glatt bügeln.

Ist es nicht auch eine Art von Therapie, wenn man die Rollen ausfüllt und die verschiedensten Emotionen durchlebt? Die älteste Form der Gruppentherapie ist ja das Psychodrama, das Rollenspiel.

Das Spielen ist sicher eine Selbsttherapie. Du musst viele Dinge in deinem Leben gar nicht durchleben, weil du sie ansatzweise und spielerisch auf der Bühne durchlebst. Man guckt sich an, man kritisiert sich, man durchlebt Dinge – man lernt. Ich war immer glücklich und zufrieden damit. Und das bis heute.

Was bedeutet Luxus für dich?

Auf jeden Fall nicht das, was er verspricht. Luxus verspricht Freiheit und Unabhängigkeit, und ich glaube, das ist überhaupt nicht der Fall. Ich habe finanziell gesehen ein strenges Leben führen müssen, darunter leide ich heute noch und bin mit Geld ziemlich pingelig. Ich gebe gern Geld aus, wenn es an richtiger Stelle und einsehbar ist, aber bei Dingen, die ich nicht einsehe, bin ich knickerig. Heute leiste ich mir schon mal den

Luxus, in einem schönen Skihotel in Vorarlberg Urlaub zu machen, denn mittlerweile sage ich mir, gut, man lebt nur einmal. Aber manchmal habe ich dann bei so einer Art von Geld ausgeben ein schlechtes Gewissen.

Was bedeutet Glück für dich?

Glück ist wahrscheinlich die zweitbeste Lebensform unserer Gesellschaft. Die erste ist die Liebe und die zweite vielleicht das Glück. Man trägt es als ein nicht zu beschreibendes wunderbares Gefühl in sich – das will man erreichen, haben und erhalten. Deswegen strebt man danach und geht richtige und falsche Wege, um es zu erreichen. Dieses Gefühl ist mit der Liebe verbunden, mit der Liebe zu sich selbst und dadurch auch zu den anderen, und je stärker die Liebe ist, desto eher kann man glücklich sein. Auch je bescheidener und je naiver man ist, desto eher kann man glücklich sein. Ich meine nicht infantil, sondern naiv. Naivität betrachte ich als absolut konstruktiven Motor im Leben eines Menschen. Jeder Künstler muss naiv sein und findet darin Erfüllung und somit auch Glück.

Was ist deine größte Angst?

Die allergrößte Angst ist, letztendlich allein sein zu müssen. Ich bin, obwohl ich im gewissen Sinn ein Einzelgänger bin, doch sehr abhängig von Familie und Zusammenhalt. Und ich habe furchtbare Angst davor, irgendwo alleine mein Leben beschließen zu müssen. Wenn das so eintreten würde, fände ich das ungerecht für mich.

Kann das aus diesem Alleinsein in der Kindheit kommen?

Natürlich … (sinniert) Nein, das will ich nie mehr haben.

Welchen Rat, welche Lebensweisheit würdest du jungen Menschen mit auf den Weg geben?

Erfolg ist nicht kalkulierbar und nicht erzwingbar. Wie Hölderlin sagt: Was aber die Liebe gibt und der Geist, das kann man nicht erzwingen. Man kann sich nur mit gesundem Menschenverstand fragen, wer bin ich, wo bin ich und wie verhalte ich mich. Mein Lebensmotto findet sich in dem Gedicht »Von der Kindesmörderin Marie Farrar« von Bertolt Brecht, und zwar in folgendem Refrain: »Doch ihr, ich bitte euch, wollt nicht in Zorn verfallen, denn alle Kreatur braucht Hilf von allen.«

Helga Hengge

Bergsteigerin

*Es sollte jeder Mensch irgendwann
auf seinen eigenen Everest steigen.*

Sind Sie ein Perfektionist?

Perfektionist ist für mich jemand, der bis ins kleinste Detail alles sehr genau macht – das bin ich nicht. Ich nehme es mir zwar vor, kümmere mich um einzelne Sachen sehr intensiv, wie die Vorbereitung zum Mount Everest, aber ich lasse andere Sachen oft auch zu früh gehen, weil es mich nicht mehr interessiert.

Um eine Expedition auf einen Achttausender zu machen, muss man da nicht perfektionistisch sein?

Natürlich muss man auf die Details achten und sich sehr akribisch vorbereiten, wenn man so etwas Großes anpackt. Ich glaube aber, dass es zum Beispiel am Mount Everest ein Vorteil war, dass ich nicht bis ins letzte Detail plane, sondern loslassen kann. Als Perfektionist erwartet man, dass bis zum Letzten alles funktioniert, hält sich oft an Kleinigkeiten fest und kommt dann nicht weiter, weil irgendetwas nicht perfekt ist.

Wie begegnen Sie dem Unvorhergesehenen?

Indem ich das Vorhergesehene gehen lasse. Man kann nicht alles beeinflussen, gerade am Berg nicht. Man muss auch loslassen können. Viele Bergsteiger sind sehr genau, bereiten sich akribisch vor, haben ihren Höhenmesser und rechnen sich genau aus, wie viele Schritte sie in welcher Zeit gehen müssen, um das nächste Camp zu erreichen – und sie verlassen sich drauf. Wenn dann das Wetter umschlägt, dann stimmt die Berechnung nicht mehr. Ich finde, ab einem gewissen Punkt muss man das auch den Göttern überlassen. Wenn der Mount Everest es zulässt, dass ich hinaufsteige, dann wird er irgendwann die Sonne schicken, sodass ich die Chance habe, zum Gipfel aufzusteigen. Und wenn er es nicht zulässt, wenn ich noch nicht so weit bin, meine Zeit vielleicht noch nicht gekommen ist, dann wird er es nicht machen. Und dann wird es, egal was ich tue, nicht funktionieren.

Ist das auch ihre Lebensphilosophie?

Ja, vielleicht kommt das auch von meinem Philosophiestudium. Auf der einen Seite der freie Wille, etwas beeinflussen zu können, auf der anderen Seite das Schicksal. Die doppelte Motivation. Ich habe das im Leben nie so intensiv gespürt wie am Everest. Da muss man die Balance beherrschen, sich sehr intensiv einzusetzen, sein Bestes zu geben und gleichzeitig loszulassen, sagen zu können, da gibt es noch was Größeres, und das kann ich nicht beeinflussen.

Der Everest zwingt den Menschen, sich unterzuordnen.

Ja. Wir sind das nicht mehr gewöhnt in unserer westlichen Welt. Wenn uns kalt ist, machen wir die Heizung an, und wenn uns fad ist, den Fernseher. Unsere Gesellschaft definiert sich dadurch, dass sie selber bestim-

men kann. Während die Tibeter, die in dieser kargen Luft leben, wissen, dass es etwas Größeres gibt, etwas viel Größeres. Das spürt auch jeder, der dorthin kommt, und er muss sich unterordnen. Was den meisten, auch mir, oft sehr schwergefallen ist.

War für Sie der Everest die größte Herausforderung in Ihrem Leben?

Ja, die, die ich zu Ende gegangen bin. Es gab auch andere große Herausforderungen, wo ich aber irgendwann erkennen musste, dass sie zu groß für mich waren, und aufgegeben habe.

Waren die Herausforderungen auf das Bergsteigen bezogen?

Auch auf das Leben. Es gab Herausforderungen im Leben, die ich nicht gemeistert habe. Ich glaube, am Mount Everest habe ich zum ersten Mal bis zum Letzten durchgehalten. Am Everest war die Strecke schon sehr, sehr lang, und ich bin weit über das hinausgegangen, was ich im wirklichen Leben gemacht hätte. Warum weiß ich nicht.

Was waren neben dem Bergsteigen in ihrem Leben die größten Herausforderungen?

Eine große Herausforderung war für mich, nach New York zu gehen. Es war mein innigster Wunsch gewesen. Woher der kam, keine Ahnung, aber ich wusste schon mit 16, dass ich in New York leben will, obwohl ich noch nie dortgewesen war. New York war für mich die große Freiheit, da musste ich hin.

Wo sind Sie aufgewachsen?

Ich bin in Chicago geboren. Mein Vater hatte dort studiert und war als Arzt in Chicago geblieben. Als ich sechs Jahre alt war, sind wir nach Grünwald, im Süden von München, gezogen, und dort bin ich auch aufgewachsen.

Wie war dann der Weg, der sie nach New York geführt hat?

Es hat Jahre gedauert. Ich wusste, ich muss in einem internationalen

Beruf arbeiten, um nach New York zu kommen, und wollte auf die Journalistenschule. Da wurde ich abgelehnt, weil ich zu jung war und erst ein Praktikum machen sollte. Daraufhin hatte ich mich in New York bei allen möglichen Zeitschriften beworben – aber natürlich kam keine Antwort oder wenn, nur eine Absage. So fing ich dann bei der Zeitschrift »Mädchen« in der Textredaktion an, habe das Telefon beantwortet, die Post sortiert – bis eines Tages die Modeassistentin davongelaufen ist. Und da ich zur rechten Zeit am rechten Ort war, wurde mir der Job angeboten – ein Traumjob für alle jungen Mädchen! In dem einen Jahr bei »Mädchen« durfte ich viel alleine machen, weil wir nur zu zweit waren, die Modechefin und ich. Irgendwann bekam ich auf Empfehlung einen Termin beim Herausgeber der deutschen Vogue. Beim Vorstellungsgespräch versprach er mir, mich nach New York zu schicken – aber nur, wenn ich vorher in Deutschland bei der »Miss Vogue«, das war eine junge »Vogue«, die er gerade konzipiert hatte, arbeiten würde. Die vier Jahre bei der »Miss Vogue« brachten mich dann oft als Moderedakteurin nach New York, und so konnte ich die ersten Kontakte knüpfen. Als die »Miss Vogue« eingestellt wurde, bin ich am nächsten Tag nach New York gezogen.

Sie haben aber dann in New York studiert.

Mein Vater hat gemeint, es wäre wichtig, dass ich mich weiterbilde und nicht in der Mode geistig verkomme. (lacht) Ich habe an der New York University Philosophie belegt, denn damit konnte man in jedes Fach hineinschnuppern und hatte Zugang zu den verschiedenen Universitäten unter dem großen Dach. Neben dem Hauptstudium konnte ich zwei Minors (Nebenfach) frei auswählen, und ich hatte mich dann für Film und Marketing entschieden. Das Studium war eines der schönsten Dinge, die ich gemacht habe. Ich glaube, Philosophie zu studieren, ist der größte Luxus, den man als Mensch machen kann. Unser Professor hat einmal gesagt: »An educated mind is never bored.«

Wie haben Sie Ihr Studium in New York finanziert?

Ich habe mir in New York eine Agentur gesucht, die mich als freie Moderedakteurin vermittelt. Die »Miss Vogue« war damals eine ganz angesehene Zeitschrift gewesen, ihrer Zeit sehr voraus, sehr modern. Ich habe darum gleich sehr gut angefangen zu arbeiten für verschiedene Zeitschriften, Kataloge, Werbekampagnen.

Wie stelle ich mir das Studium in den USA vor, da es sich doch sehr von einem Studium in Deutschland unterscheidet?

In Amerika ist das Studium wahrscheinlich etwas moderner. In Philosophie haben wir den großen Bogen geschlagen: Es gab die 24 großen Bücher, über die wir unser Final Exam machen mussten. Davon waren 12 Bücher vorgeschrieben, von Homer über das Alte Testament zu Shakespeare und Milton, und die anderen zwölf konnte man sich aus fünfzig Büchern selbst zusammenstellen. Daraus kristallisierten wir dann die philosophischen Ideen heraus und entwickelten sie über die Zeit weiter, auch bis zu modernen Schriftstellern.

Marketing, Film und Philosophie ist eine spannende Kombination.

Ich finde, die passen auch genial zusammen: Marketing ist, einem Produkt eine Geschichte zu geben, Film ist, eine Geschichte zu erzählen, und das Studium der Philosophie ist es, den Geschichten zu lauschen und ihre Idee zu verstehen.

Ich fände es toll, wenn man abends an der Volkshochschule einen Philosophen lesen könnte – zusammen mit einem Professor, der einem den Text nahebringt. Wir mussten zum Beispiel in einem Kurs »Das Inferno« von Dante lesen. Kanton eins und zwei, das war unsere erste Hausaufgabe. Unsere Professorin war eine ältere Dame. Sie kam zu spät zur nächsten Stunde. Und da saßen wir, 30 Studenten, haben alle geschimpft über den Text und überlegt, den Kurs fallen zu lassen, was man in Amerika bis zur dritten Stunde darf. Dann kam die Professorin herein, hat sich vorne auf den Tisch gesetzt und uns eine Weile angeschaut. Dann sagte sie: Jetzt habe ich dieses Inferno bestimmt schon zwanzig Mal gelesen, und ich liebe dieses Buch über alles. Und wir dachten, oh wie schrecklich! Sie hat ihr Buch aufgeblättert und angefangen zu lesen – ein Stück des zweiten Kantons – mit einer Stimme, einer Betonung und einem Rhythmus, dass wir alle total gebannt waren. Sie meinte, den Fehler, den wir immer wieder machen mit diesem Text, ist, dass wir ihn nicht laut lesen, denn er ist erst schön, wenn man den Rhythmus hört. Und so wurden wir alle Fans von Dantes Inferno.

Sie lebten mitten in New York. War denn die Liebe zu den Bergen und zur Natur zu der Zeit auch schon da?

Meine Großeltern waren Bergsteiger, und die wenigen Male, die wir bei ihnen waren, zeigten sie Dias von ihren großen Treckingtouren nach Peru, Mustang, Bhutan, Tibet – Bilder, die wahnsinnig schön waren. Wo sie mit Karawanen übers Hochland zogen, mit ihnen vom Wind zerzauste Tibeter mit langen schwarzen Zöpfen und dicken Schafsfelljacken. Die Klöster, die aus Gesteinsmauern einfach herausgetreten sind, und man dann plötzlich, wenn man näher hingeschaut hat, die Fenster und die bunten Fahnen gesehen hat, und die rot gewandeten Mönche, die goldenen Pagoden und die Berge im Hintergrund … Und ich habe damals gedacht, irgendwann, wenn ich groß bin, dann breche ich dahin auf und dann möchte ich dort leben. Damals war ich vielleicht acht Jahre alt.

Wann fingen Sie mit dem Bergsteigen an?

Das Studium war plötzlich zu Ende, und ich wusste nicht so recht, was ich damit anfangen sollte. So habe ich erst mal als Moderedakteurin weitergearbeitet, wie zuvor auch, ganz erfolgreich. Und plötzlich war so eine Leere in mir entstanden. Da habe ich das Klettern angefangen und dann auch meine erste Bergtour geplant.

Wo sind Sie denn in New York geklettert?

Im Chelsea Piers, das ist ein riesiges Fitnessstudio draußen auf den Piers, wo es eine 26 Meter hohe Kletterwand gibt. Ich habe einen Freund überredet, weil man ja immer zu zweit sein muss, und dann habe ich angefangen. Ich habe mich immer nur gewundert, warum ich das nicht schon früher gemacht habe. Für mich ist es eines der schönsten Dinge der Welt, wenn man so ruhig, ganz besinnlich, wie eine Katze hinaufklettert. Ein halbes Jahr später bin ich auf meine erste Expedition gegangen.

Und welcher Berg war denn Ihr erster?

Das war gleich ein fast Siebentausender, der Aconcagua, mit 6960 Meter der höchste Berg des amerikanischen Doppelkontinents. Ich hatte dieses Buch gelesen »Seven Summits« von Dick Bass, ein Ölmilliardär, der den höchsten Gipfel auf jedem Kontinent bestiegen hat. Ich fand das toll. Ich wollte raus aus der Modewelt, dieser Scheinwelt, in der man immer nur so tut, als wäre das Leben ein Abenteuer. Man fährt in die Wüste, stellt die Mädchen in den Sand, und der Trailer mit Toilette steht gleich dahinter. Oder man fliegt nach Alaska, mit dem Helikopter hinauf auf den Gletscher. Den Models zieht man Bergklamotten an, bindet ihnen alte Steigeisen an die Stiefel und drückt ihnen ein Hanfseil in die Hand, damit sie so tun können, als würden sie über den Berg kraxeln. Abends schlafen alle im schicken Hotel und essen Steak.

Es ist kaum zu glauben, dass Sie vor dem Aconcagua noch nie auf einem Berg waren?

Ich war nur ein Mal kurz vorher in Yosemite in Kalifornien klettern und auch zum ersten Mal zelten. Aber das ist nicht so wild, da campiert man im Wald und geht tagsüber zum Klettern an die Felswände. Allerdings habe ich mich für die dreiwöchige Reise auf den Aconcagua ein halbes Jahr ernsthaft vorbereitet. Ich habe aufgehört auszugehen, habe angefangen zu trainieren, bin jeden Morgen gelaufen und musste zunehmen, um auch kräftig genug zu sein.

Was war Ihr Antrieb, auf den Berg zu steigen?

Das war pure Abenteuerlust. Ich wollte endlich mal was machen, von dem ich mir nicht sicher war, ob ich es schaffen würde.

Waren Sie schon als Kind abenteuerlustig oder sportlich?

Ich war schon eher ein sportlicher Typ. Ich habe Leichtathletik gemacht, aber nicht extrem. Ich war kein Ballettmädchen, und was Koordination anbelangt, nicht so begabt. Ich habe viel lieber mit den Jungs Basketball gespielt.

Sind Sie ehrgeizig?

Ich glaube, ich bin jemand, der ausdauernd ist. Wenn ich mir was vornehme, an dem mein Herz hängt, dann habe ich schon den Biss, das auch zu machen. Ich wollte mit fünfzehn ein Mofa, und meine Eltern hatten das absolut verboten und wollten es nicht finanzieren. Ich habe dann beim Tengelmann jeden Montagnachmittag für fünf Mark in der Stunde die Regale eingeräumt, bis ich dieses Mofa hatte. Mein Vater hatte irgendwann zu meiner Mutter gesagt, wenn ihr Herz daran hängt, dann kriegt sie das auch. Ein ganz schickes Mofa hat er mir gekauft, weil ich bewiesen hatte, dass ich dafür bereit war, Dinge in Kauf zu nehmen. Wenn mein Herz sich an etwas gehängt hat, wie New York oder das Bergsteigen, dann habe ich auch viel dafür getan.

Was würden Sie als Ihre Schwäche bezeichnen?

Dinge nicht zu Ende zu bringen, an denen mein Herz nicht hängt – die aber durchaus Sinn machen würden. Ich habe dann keine Lust mehr, und dann mache ich es auch nicht mehr. Wie die Küche fertig zu bauen und noch den Schlauch zu besorgen und nicht nur irgendein Band rumzuwickeln. Das nervt mich dann.

Was kostete Sie eine besondere Überwindung, um weiterzumachen?

Weiterzumachen, ohne mich dafür begeistern zu können. Das habe ich am Mount Everest gelernt. Es gibt viele Strecken am Berg, die voller Wunder waren, wo es leicht war, wo ich immer wieder ein Gerinnsel zwischen den Steinen gefunden habe oder ein kleines Blümchen, ir-

gendwas, wofür ich mich begeistern konnte. Aber dann gab es Strecken am Berg, die einfach endlos mühsam waren. Steine treten habe ich das immer genannt.

24 Kilometer, ein Schritt nach dem anderen, durch die Moräne bergauf, bergab, und ich wusste, wenn ich oben bin, geht es auf der anderen Seite wieder runter, und ich verliere die Höhe und muss sie auf der anderen Seite wieder neu erklimmen. Das ist zermürbend, aber da muss man durch. Nur dann kommt wieder ein Höhepunkt – das nächste Camp, wo es wieder eine andere Sicht auf den Berg gibt und es wieder spannend wird.

Ich habe dann oft meine Schritte gezählt, um jedem Schritt mehr Bedeutung beizumessen und ihn rauszuheben aus den Tausenden von Schritten, die ich tun musste. Und bestimmte Zahlen, Glückszahlen, bekamen immer einen besonders großen Schritt. Man muss die Phantasie spielen lassen, wenn das Herz nicht daran hängt. So ist das auch im Leben. Ich habe viel drüber nachgedacht, weil ich am Berg viel Zeit hatte, nachzudenken.

Wie motiviert man sich denn immer wieder aufs Neue?

Je älter oder je erfahrener man im Leben wird, desto größer wird die eigene Motivationskiste. Für mich ist Motivation eine Schatzkiste, die man nach und nach füllt. Und wenn man in schwierige Situationen kommt, dann kann man sich in der Schatzkiste bedienen oder aber die Situation

ist schwieriger als je zuvor. Dann muss man neue Motivationen erfinden, um weiterzukommen. Je mehr Widrigkeiten man gemeistert hat, desto größer wird diese Kiste natürlich. Deswegen wird es im Leben leichter, je älter man wird, weil man auf immer mehr Schätze zurückgreifen kann. Und das ist auch am Berg so. Es wird immer schwerer, sich zu motivieren: Es wird kälter, die Luft wird immer dünner, es wird anstrengender, und die Schritte werden langsamer und kleiner. Wir sind ja an das Erfolgsgefühl gewöhnt, wenn man in einer Stunde diese Strecke gegangen ist, dann möchte man sie beim nächsten Mal in 55 Minuten gehen. Jedes Mal muss es besser oder schneller gehen. Am Berg ist es das Gegenteil: Je höher man steigt, desto langsamer wird man. Und man muss sich trotzdem ein Erfolgsgefühl kreieren.

Und wie fühlt man sich dann, wenn man endlich auf dem Gipfel steht?

Man macht die kleinsten und langsamsten Schritte, wenn man endlich auf den Gipfel zugeht. Und genau das lernt man am Everest: Das sich bescheiden können, und jeden Tag ein bisschen mehr bescheiden. Das ist, was ich am allermeisten mitgenommen habe vom Berg. Es war wahnsinnig schwer, aber davon zehre ich den Rest des Lebens. Wenn es schwierig wird, denke ich immer, am Mount Everest war es noch schwieriger, das habe ich auch geschafft. Eigentlich müsste man es begrüßen, wenn einem was in den Weg gelegt wird, denn so lernt man die Demut, das sich bescheiden, das Zurückstecken. Man kann nicht alles beeinflussen. Manche Dinge sind einer größeren Macht ausgesetzt.

Wie man auch Schicksalsschläge mit Dankbarkeit annehmen sollte?

Eigentlich schon, denn genau daran wächst man. Die Dinge, die man schnell geschafft hat, geben einem zwar ein kurzes Erfolgsgefühl, aber sie bringen einen nicht wirklich weiter. Sie geben einem für das nächste Mal nichts mit, und das nächste Mal kommt bestimmt. Dieses Ohnmachtsgefühl kommt wieder und wieder, bis man es gelernt hat.

Was reizt Sie besonders?

Abenteuer, etwas Neues auszuprobieren, was anzupacken, wo ich davorstehe und mir nicht sicher bin, ob ich das kann. Man weiß, man hat sich vorbereitet, hat von anderen gehört, dass man das schaffen kann, aber steht plötzlich davor und fragt sich: Kann ich das wirklich? Nee, das kann ich eigentlich nicht. (lacht) Wie vor dem Mount Everest zu stehen und zu denken: Gut, ich war auf einem anderen Achttausender, ich war auf vielen Sechstausendern, ich kann im Team ganz gut, ich weiß, mein Expeditionsleiter ist der Beste, ich habe mich optimal vorbereitet, aber – mein Gott, dieser Berg ist groß. Wo man auf der einen Seite das Herz klopfen spürt vor Glück und denkt, ich bin dabei, bei so etwas Großem, und einem das Herz gleichzeitig in die Hose rutscht mit dem Gefühl, um Himmels willen, bin ich verrückt? Das ist ein Wahnsinnsgefühl. Das ist es, was ich immer wieder brauche. Und es ist ganz egal, was es ist. Das kann ein Studium sein, ein Hauskauf, alles, was nicht Routine ist.

Was würden Sie jungen Leuten als Ratschlag geben?

Sich zu trauen. Das heißt nicht, vom Zehnmeterbrett zu springen oder Bungeejumping. Ich meine das Trauen, wo man vorher sein Herz ergründet und wirklich darüber nachgedacht hat. Sich zu trauen, aus der Landkarte, aus dem was man kennt, hinauszuwandern und auch einen Rückschlag in Kauf zu nehmen. Sich zu sagen, wenn es nicht klappt, ist es auch nicht so schlimm, ich habe mir das vorher überlegt, und die Chancen stehen ganz gut – und wenn es nicht funktioniert, dann habe ich mich wenigstens getraut. Viele Menschen haben so viel Angst vor einem Fehlschlag. Viele haben vor dem Everest zu mir gesagt, mein Gott, so viel Geld, so viel Zeit!

Wie lange dauerten die Expedition und die Vorbereitung?

Zweieinhalb Monate am Berg und drei Jahre intensive Vorbereitung. Ich habe wirklich alles andere ausgeblendet und viele Dinge, die mir vorher sehr wichtig waren, nicht mehr getan, um mich darauf vorzubereiten. Das ist schon mit großen Entbehrungen verbunden.

Es gab sicher viele Zweifler?

Viele haben gesagt, für das Geld kannst du dir ein Auto kaufen oder eine Wohnung anzahlen, und wenn es nicht klappt, was machst du dann – und haben mir die Angst vor einem Fehlschlag auch noch eingeredet. Diese Zweifler muss man hinter sich lassen. Wenn man davon überzeugt und begeistert ist, muss man sich auch trauen. Man ärgert sich die Pest, wenn man es nicht wenigstens versucht hat.

Liegt das vielleicht in der Familie, da Ihr Vater ja auch als deutscher Arzt nach Chicago gegangen ist?

Ich glaube, meine Geschwister und ich sind sehr geprägt von unseren Eltern, die Menschen sind, die sich getraut haben, zu gehen und etwas anderes zu erleben.

Was bedeutet Luxus für Sie?

Jeden Morgen unter die heiße Dusche zu steigen. Ich finde es einen wahnsinnigen Luxus, die Dusche anzumachen und einen vollen Strahl von heißem Wasser über den Körper rauschen zu lassen. Die erste heiße Dusche nach dem Everest – nach zweieinhalb Monaten – werde ich nie vergessen.

Wie ist das mit der Hygiene, wenn man so lange unterwegs ist?

Das ist nicht so wichtig. Es kommt natürlich auch hinzu, dass in der dünnen Luft weniger Bakterien leben. Es ist erstaunlich geruchsarm, und man hat nicht das Gefühl, dass man schmutzig ist, wenn man so einen ganzen Tag hinter sich hat. Wenn man gut mit dem Küchenchef stand, konnte man eine Schüssel Wasser bekommen und sich in sein Zelt zurückziehen und sich waschen – allerdings nur im Basecamp. Weiter oben nicht mehr.

Was bedeutet Glück für Sie?

Meine beiden Kinder. Sie sind jetzt drei und vier. Mit ihnen unbe-

schwerte Zeit zu verbringen, nicht irgendwo hin zu müssen und einfach in ihre Phantasiewelten einzusteigen und zu spielen, das ist Glück.

Was steht als Nächstes an?

Ich würde wahnsinnig gerne die Seven Summits fertig machen. Das ist ein Wahnsinnskonzept, weil man all diese atemberaubenden Plätze der Welt bereist mit seinen verschiedenen Menschen und Kulturen. Das wollte ich vom ersten Moment an. Deswegen bin ich auch als Erses gleich zum Aconcagua aufgebrochen. Wegen der Kinder möchte ich nicht mehr so lange weg, und deshalb kommen jetzt die kleineren Berge dran. Ich war dieses Jahr im Kaukasus, auf dem Elbrus, dem höchsten Berg Europas, und würde als Nächstes gerne auf den höchsten Berg der Antarktis. Der ist jetzt technisch nicht so schwer, aber es ist ein irrer Aufwand dahinzukommen.

Lernt man denn die Menschen und ihre Kultur bei so einer Expedition kennen oder ist man als Bergsteiger in seiner Gruppe isoliert?

Das ist das Schöne am Bergsteigen, dass man nicht als Tourist unterwegs ist, sondern dass man einen Grund hat, dort zu sein. Man arbeitet mit den Menschen vor Ort zusammen und lernt unwahrscheinlich viel von ihnen, da sie ihre Bergwelt ganz anders angehen, als wir – und jedes Land ist wieder anders. Die Kontakte zu diesen Menschen sind die schönsten Erinnerungen an die Berge. Am Everest zum Beispiel besuchten wir mit den Sherpas einen alten Mönch, der eine zerschlissene Kutte trug und in einer Höhle lebte. Er kümmerte sich um die Ruinen eines alten Klosters, das in der Kulturrevolution zerstört worden war. Das Kloster, in dem ein berühmter indischer Lehrer gelebt hatte, war ein heiliger Ort, und der Mönch hat uns mit Begeisterung die Ruinen gezeigt. Sie bestanden nur aus ein paar zusammengefallenen Steinsbrocken, doch er hat jedem Stein Leben eingehaucht – da gab es die versteinerte Yakdecke von Milarepa, den goldenen Hügel von Chenresig und eine Höhle, in der man durch Himmel und Hölle steigt. Durch die mussten wir hindurchkriechen, mitten in den Berg hinein, in völliger Dunkelheit durch kalte Gänge – das war ein irres Erlebnis. Jedes Land, jeder Berg offenbarte so ein Erlebnis, denn gerade in diesen sehr kargen Bergregionen sind es die Menschen, die ihre Umwelt beseelen. Weil sie in einer kargen Welt aus Fels und Stein und Eis leben, hängen sie bunte Fahnen auf und schaffen eine Phantasiewelt, die voller Wunder ist und eine Bereicherung für uns.

Ist das nicht eine wahnsinnige Umstellung, wenn man aus dieser kargen Bergwelt zurückkommt in eine Stadt wie New York?

Das Zurückkommen war für mich immer ein Riesenluxus. Man hat so viel mehr freien Willen in unserer Welt, jedenfalls denkt man das. Man hat das Gefühl, dass man sich aussuchen kann, was man essen möchte und wann, man kann einkaufen, duschen und in einem weichen Bett

liegen. Es ist viel Luxus, den wir um uns herum haben, der in der kargen Bergwelt nicht existiert. Ich bin immer wieder gerne eingetaucht in unsere bunte Welt, denn man weiß es erst zu schätzen, wenn man es nicht gehabt hat. Vielleicht macht es der Mix aus.

Sind Sie gläubig?

Ja, aber ich bin es erst am Berg geworden, wahrscheinlich, weil ich den Glauben vorher nicht wirklich gebraucht habe. Am Berg ist man viel alleine und hat viel, viel Zeit, nachzudenken und zu ergründen, warum Dinge so sind, wie sie sind, und wie das Leben ist, warum man manche Dinge haben kann und andere nicht. Ich bin allerdings weder christlich noch buddhistisch. Mein Glaube ist eine ganz persönliche Mischung aus verschiedenen Religionen und von den vielen sehr gläubigen Menschen, denen ich begegnet bin, und von denen ich viele Dinge für mich mitgenommen habe. Auf den Expeditionen habe ich sehr an Glauben gewonnen. Bestimmt hat das auch zu tun mit meinem Philosophiestudium, als ich diese großen Ideen für mich entwickelt und in meine Welt gebracht habe, das Höhengleichnis von Plato, dieses Hinaussteigen aus der Höhle zum Licht der Weisheit.

Glauben Sie an Wiedergeburt?

Das tue ich, ganz stark sogar. Vor vielen Jahren ist ein Freund von mir bei einem Autounfall gestorben. Ich habe schrecklich gelitten und nicht begriffen, dass jemand so einfach gehen kann. An diesem Menschen hing mein ganzes Herz. Damals sagte mir ein befreundeter Fotograf, dass für ihn das gesamte Leben wie ein Zirkus ist, der von Dorf zu Dorf zieht und immer wieder ein neues Stück spielt. Und dass die Beteiligten von Leben zu Leben ziehen und immer wieder eine neue Rolle einnehmen. Und dass es nicht zufällig ist, dass man in einem Leben sehr innige Beziehungen zu einigen Menschen hat, sondern dass es Seelen aus dieser Theatergruppe sind, die in jedem Leben wieder um einen herum sind. Und dass es zwar im Moment sehr weh tut, dass dieser Mensch gegangen ist, aber, dass seine Seele in anderer Form wiederkommt und dass sie im nächsten Leben auch wieder in meinem Leben sein wird. Das hat mir viel Kraft gegeben, mit dem Verlust umzugehen.
Ich glaube fest an die Wiedergeburt. Heute sehe ich das an meinen Kindern. Die bringen was mit ins Leben, was sie schon haben. Das kommt nicht von irgendwo her, das kommt, weil sie schon gelebt haben. Ich fra-

ge mich manchmal, ob jemand, der auf den Everest hinaufsteigen muss, eine alte Seele ist oder ein junge. Das finde ich eine spannende Frage. Braucht man es irgendwann nicht mehr? Oder braucht man es, weil man das andere schon hat.

Ich glaube, dass es junge und alte Seelen gibt, die auf den Everest steigen, und auch junge und alte, die in ihrer Wohnung bleiben. Die einen sitzen aus Angst drin und die anderen gehen aus der inneren Ruhe hinaus. Der Unterschied ist, warum man es macht.

Ich hatte damals das Gefühl, dass man den Mount Everest auch behutsam besteigen kann. Wenn man auf den Gipfel muss und bereit ist, alles einzusetzen, dann geht man ein sehr hohes Risiko ein. Aber wenn man sich sagt, ich gehe so weit, wie ich mich wohlfühle, dann kann man sehr behutsam auf diesen Berg steigen. Natürlich kann auch ein Sturm kommen und einen im Camp überraschen. Aber ich bin Menschen begegnet am Everest, die bereit waren, ein riesiges Risiko einzugehen und dabei ihr Leben zu verlieren. Man muss wissen, dass am Mount Everest die meisten Bergsteiger sterben, nachdem sie am Gipfel waren. Sie sterben nicht auf dem Weg nach oben, sondern auf dem Weg vom Gipfel zurück zum letzten Camp – aus Erschöpfung, weil sie zu lange zu weit gegangen sind, weil sie den Umkehrzeitpunkt nicht erkannt haben oder nicht erkennen wollten. Ich bin Bergsteigern begegnet, die ganz klar gesagt haben, sie wollen diesmal zum Gipfel gehen, und ich habe gespürt, dass ihnen alles andere egal war. Denen war der Rückweg ins Leben nicht wichtig. Sie wollten am Gipfel stehen, aus welchen Gründen auch immer. Man redet immer über die tragischen Unfälle, aber es gibt auch Menschen, die zum Everest gehen, um zu sterben.

Wie geht man mit solchen Menschen um?

Sie sind eine riesige Gefahr für die anderen, denn sie sind bereit, ein extremes Risiko einzugehen und alle anderen mitzuziehen. Natürlich sagt jeder, ich gehe auf eigene Gefahr, aber am Berg geht kein Mensch auf eigene Gefahr, das gibt es nicht, denn wenn er neben mir umfällt, dann werde ich natürlich versuchen, ihm zu helfen. Ich kann doch nicht über ihn drübersteigen und weitergehen und sagen, hast du Pech gehabt. Kein Mensch kann das. So bin ich natürlich versucht, ihm zu helfen und bringe ich mich dadurch in Lebensgefahr. Ich habe schon oft erlebt, dass einer losstapft und sagt, ihr müsst euch nicht um mich kümmern. Das ist so egoistisch. Es ist das Schlimmste, was es gibt.

Wie kann man sich davor schützen?

Man muss die anderen Bergsteiger am Berg sehr genau beobachten und eine Antenne für die Gefahr entwickeln. Ich bin die ganze Zeit sehr achtsam und ständig dabei, die anderen bewusst oder unbewusst zu beobachten. Wieso macht er das? Was hat er vor? Die Gefahr ist ständig da. Man muss genau wissen, wer die Menschen um einen herum sind, was sie bewegt.

Wie viele Menschen sind auf so einer Tour?

Wir waren 150 Bergsteiger und Sherpas auf einer Route am Everest. Mit vielen kommt man nie wirklich in Berührung, weil man immer an gegensätzlichen Stellen am Berg ist.

Wie viele von ihnen erreichen den Gipfel?

20 Prozent ist die Erfolgsquote auf der Nordseite des Everest. Von 150 Bergsteigern gehen 120 nach Hause, ohne auf dem Gipfel gewesen zu sein.

Woran merkt man, dass jemand den Everest als seinen letzten Weg betrachtet?

Das merkt man nicht, das können diese Menschen gut verstecken. Man sieht es erst im Nachhinein. Wir haben viel über die Toten diskutiert, weil Russell, unser Expeditionsleiter, immer zu Hilfe gerufen wird, wenn etwas schiefgeht am Berg. Er studiert die Bergsteiger sehr genau, um vorher schon abschätzen zu können, wer in Not geraten wird. Mich hat das Thema »die Toten« immer sehr bedrückt.

Wurden Sie schon einmal mit dem Tod am Berg konfrontiert?

Ja, es war eine schreckliche Zeit am Berg. Der Sturm hat oben getobt, und wir hatten uns alle ins Basecamp zurückgezogen und gewartet, dass sich die Geister wieder beruhigen.

Ich saß mit mehreren Bergsteigern zusammen im Zelt, zwei waren von einer internationalen Gruppe, unsere Nachbarn im vorgeschobenen Basecamp, und schon zum vierten Mal am Berg. Wir tranken Tee, den ganzen Nachmittag heulte der Wind ans Zelt, und ich lauschte wie ein kleines Kind den Geschichten dieser hartgesottenen Bergsteiger. Joel und Pascal hatten ein Leuchten in den Augen, wenn sie von ihrem Berg gesprochen haben. Dass sie diesmal hinaufgehen zum Gipfel, und diesmal wird ihnen nichts im Wege stehen, haben sie gesagt. Ich erinnere mich noch an das bedrückende Gefühl, das sich an mich schlich, als ich zurück zu unseren Zelten gewandert bin. Die Sonne war gegangen, und der Everest fing an zu leuchten im immer dunkler werdenden Nachthimmel. Ich hatte plötzlich das Gefühl, ich schaffe das nicht, ich habe nicht what it takes, um zum Gipfel hinaufzusteigen. So wichtig ist mir dieser Berg nicht. Ich war irgendwie traurig und gleichzeitig schauderte es mir vor dem, was Joel und Pascal gesagt hatten, vor dieser intensiven Stimmung.

Pascal und Joel sind zwei Wochen später zum Gipfel aufgestiegen, ohne Sauerstoff, ohne Sherpas. Sie waren gute Bergsteiger, sodass man ihnen das auch zugetraut hatte. Um Mitternacht sind sie los und um 16 Uhr am Gipfel angekommen. Doch die Umkehrzeit am Gipfel ist 12 Uhr. Wenn man um zwölf nicht am Gipfel war, muss man umkehren, egal wo man ist, weil man sonst den Rückweg nicht mehr schafft bei Tageslicht. Und die beiden waren viel zu spät, viel zu lange, viel zu weit gegangen – 16 Stunden ohne Sauerstoff. Sie haben vom Gipfel über die Funkgeräte totalen Quatsch runtergerufen, haben die Sätze verdreht ohne es zu merken. Wir sind ohne den

Gipfel zum Sauerstoff gegangen, haben sie immer wieder gerufen. Pascal ist nicht zurückgekommen. Ich fand das so schlimm. Joel ist am nächsten Tag mit schlimmen Erfrierungen im Camp 4 aufgetaucht, total daneben, und wollte immer wieder hinauf, um nach Pascal zu suchen. Ich habe Pascal gesehen, als wir hinauf sind. Es war grausam.

Auf so einer Expedition spielt sich viel ab, man erlebt all das, was man im Leben erlebt in konzentrierter Form?

Es ist sehr intensiv. Bei den Menschen fallen die Masken. Nach und nach bröckelt alles ab am Everest. Schritt für Schritt. Man lernt die Menschen in diesen extremen Verhältnissen sehr intensiv kennen. Leute von denen man dachte, die haben eine Kraft und Power, weinen wie kleine Kinder und zerbrechen am Berg, weil sie mit der Herausforderung nicht zurechtkommen. Und dann gibt es so Zwetschgenmanderln, von denen man denkt, oh je, und die dann zu einer irren Power auflaufen. Es sollte jeder Mensch irgendwann auf seinen eigenen Everest steigen, um zu sehen, was in ihm steckt. Und was für ihn ein Everest ist, kann nur er selbst bestimmen.

Georg Schweisfurth

Unternehmer

Wer nicht ins Risiko geht,
verändert nichts.

Betrachtest du dich als Perfektionist?

Ich strebe schon danach, besser zu werden. Das bedeutet für mich, meine Gedanken besser zu ordnen, nicht so viele offene Fragen vor mir herzuschieben, effektivere Entscheidungen zu treffen und nichts auszulassen. Ordnung macht schon Spaß! (lacht)
Allerdings passieren immer so viele Sachen gleichzeitig, dass es schwer ist, hinterherzukommen. Perfektionist bin ich in einer gewissen Weise schon, aber perfekt zu sein, das ist sowieso eine Illusion.

Ist es auch ein Streben nach Perfektion, dass du zuerst ein Handwerk erlernt und dann ein Studium gemacht hast?

Das hat etwas mit Hand und Kopf zu tun. Die Hand braucht eine gewisse theoretische Grundlage, und der Kopf braucht einen praktischen Bezug. Für mich war es nur von Vorteil, dass ich vor dem Studium sowohl eine handwerkliche Lehre gemacht, als auch in Betrieben gearbeitet habe.

Kam das ganz von dir aus oder war doch ein gewisser Druck deines Vaters spürbar?

Es gab eine sanfte Hinführung. Erziehung eben. Meine Kinder werden von mir auch sanft hingeführt zu bestimmten Sachen. Natürlich ist es

auch möglich, dass sie sagen, nein Vater, das will ich nicht, wie meine jüngste Tochter. Für mich war aber irgendwo klar: Familientradition, Metzger in der vierten Generation. Ich wollte diese Tradition nicht brechen.

Führt eines deiner drei Kinder diese Tradition denn weiter?

Handwerk schon, Metzger nicht. Mein Sohn hat eine Kochlehre hinter sich. Mal sehen, was die Kinder meiner Geschwister machen. Ein Metzger wird schon dabei sein.

Hast du Angst, Fehler zu machen, die deine Projekte gefährden könnten?

Bei großen unternehmerischen Entscheidungen, bei denen es um die Firma an sich geht, wie z. B. ob neue Aktionäre reingenommen oder Anteile verkauft werden, trägt man eine verdammte Verantwortung, und das macht einem dann schon Angst. Da gibt es so viele Sachen, die man dauernd abwägen muss und die einem schlaflose Nächte bereiten. Einerseits will man niemanden verletzen, andererseits muss man auch die Wahrheit sprechen und damit riskieren, dass der andere zurückschlägt. Fehler kommen dann immer auf einen selber zurück. Wenn du keine Verantwortung hast, dann hast du auch keine Angst.

Würdest du es als Schwäche bezeichnen, dass du niemand verletzen willst?

Ja, es ist sicher eine Schwäche, dass ich immer erst sehr lange zuschaue und an das Gute im Menschen glaube. Das kann man zwar auch als eine Stärke betrachten (lacht). Aber manchmal verliere ich den Sinn für die Sache und sehe zu sehr das Wohl des Menschen im Vordergrund, anstatt schneller zu handeln und Dinge zu hinterfragen. Aber man lernt ja im Leben aus all den Erfahrungen und vor allem aus den negativen. Wenn es immer nur geradeaus geht, und du fährst so dahin, dann gewöhnst du dich an den Zustand, und wenn die erste Kurve kommt, kann es passieren, dass du sie nicht mehr erwischst. Also ist ein kurvenreiches Leben sicherlich nicht die schlechteste Methode, um besser zu werden, sicherer und klarer.

Ist ein kurvenreiches Leben auch ein glücklicheres?

Die Tiefschläge brauchst du, damit du weißt, was freudvolle Zeiten sind.

Also betrachtest du eine Schwäche durchaus als positiv?

Ja. Wobei ich noch lange nicht so weit bin, dass ich sagen könnte, ich bin immer Herr meiner Sinne. Es gibt noch viel zu lernen.

Welchen Rat würdest du Menschen geben, die nach Perfektion streben?

Niemals in einer Situation einfach zu verharren, nur weil es irgendwo unsicher werden könnte. Es ist wichtig, dass man mutig ist und ins Risiko geht. Wer nicht ins Risiko geht, verändert nichts. Es gibt ja viele, die es eher vorziehen, den Status Quo zu bewahren, als zu sagen, ich ändere jetzt mal mein Leben, ich geh jetzt mal ins Risiko, ich bringe jetzt mal ein Thema auf den Tisch, das ich schon lange mit mir herumtrage und das mich ziemlich belastet. Auch wenn ich in die Gefahr komme, dass ich jemanden verletze. Das ist zwar riskant, aber es bewirkt Wunder. Change is good, wie es so schön heißt bei Utopia (Anmerkung: Internetportal für strategischen Konsum www.utopia.de).
Ich kenne das aber auch von mir, dass man vor lauter Vorsicht den Ereignissen hinterherläuft und man überrascht ist, wenn sich Sachen ent-

wickeln und du gar nicht mehr Herr der Lage bist, weil du dich nicht traust, dich selber zum Ausdruck zu bringen. Man muss lernen, seine Meinung zu vertreten und in den Dialog zu kommen.

Auch, dass man seinen Fehler erkennt, dazu steht, und ihn annimmt?

Das ist ja dann noch eine höhere Gabe. Wer kann das denn schon? Meist versuchen die Menschen jahrelang ihr Tun oder ihre Meinung zu verteidigen. (lacht) Es ist sehr befreiend, wenn du mal jemanden vor dir hast, der sagt: Tut mir leid, ich habe einen Fehler gemacht, ich steh dazu, ich ziehe die Konsequenzen.

Wie machst du deine Schwäche zur Stärke?

Gnadenlose Offenheit. Wir sind hier streng offen, sage ich immer, bevor eine Sitzung beginnt. Nicht streng zu sich oder den anderen, sondern streng offen. Dann darf jeder alles auf den Tisch legen, denn oft legt man Sachen nicht auf den Tisch, um sich zu schützen. Spannende Geschichte.

Nach welchen Kriterien stellst du dich neuen Herausforderungen?

Früher bin ich immer sehr motiviert in neue Projekte reinmarschiert. Und bin vorangesaust und gesaust und gesaust. Ohne Erfahrung, ohne links und rechts zu schauen und ohne innezuhalten und zu überlegen: Ist es grundsätzlich der richtige Weg? Beispielsweise meine Kushi-Bar, mein japanisches Restaurant, das heute, acht Jahre später, sicher eine tolle Sache wäre für München. Nur damals ist sie nicht gelaufen. Ich hatte mir zu wenig Zeit genommen, um zuerst einmal die Grundstruktur zu klären.

War das sehr schmerzhaft?

Ja, da waren auch Weglauf-Tendenzen. Ich neigte dazu, wenn Sachen so schieflaufen, den Kopf im Sand zu vergraben. Bloß nicht darüber nachdenken. Daraus habe ich viel gelernt. Gelernt, dass man weiterkämpfen muss und weiter machen muss und nicht einfach sagt: egal, nächstes Projekt.

Was hast du aus der Sache Basic-Lidl gelernt?

Das ist für mich natürlich die größte Herausforderung meines Lebens. Das ist wirklich eine Geschichte, die mit Überraschungspotenzial nur so geschwängert ist, denn es vergeht fast kein Tag, an dem nicht irgendwelche neuen Umstände auftreten. Ob von der Seite von Lidl, von den Aktionären oder aus der Presse. Wo man sich dann auch persönlich angegriffen fühlt. Was ich im Moment lerne ist, nicht umzukippen, dranzubleiben und weiterzumachen. Das ist wie David gegen Goliath. Oft habe ich das Gefühl, dass es eine ziemlich wichtige Geschichte für mein ganzes Leben ist. Ich weiß noch nicht warum, und was daraus wird, aber irgendwie habe ich das Gefühl, dass ich jetzt unter keinen Umständen aufgeben darf.

Welche Fehler, glaubst du, hast du gemacht?

Ich habe zu sehr vertraut und die Verantwortung für Basic zu früh abgegeben. Der Machtkampf zwischen Johann Prielmeier (einer der vier Gründer) und mir, der jetzt so hochgepuscht wird von der Presse, ist schon älter. Man hat nach außen hin immer noch so lieb getan, aber unterschwellig war er schon da und ist halt dadurch zum Ausbruch gekommen.

Das heißt, du hättest es schon spüren können?

Mein Gefühl hat mir gesagt, dass das schwierig werden könnte, aber ich habe nicht reagiert. Gut, hinterher ist man ja immer schlauer. Aber auch das schult einen, einfach einen besseren Blick auf die Dinge zu bekommen.

Mit so einer extremen Konstellation konnte wohl auch niemand rechnen.

Für mich war das der Schock des Jahrhunderts. Morgens bin ich aufgewacht und in dieser Halb-schlafphase fragte ich mich, war das Traum oder Realität? Es war der Supergau, allerdings war das auch heilend: sowohl für die Firma, als auch für die Beteiligten, zumindest für die, die es annehmen, und für die Branche. Hier geht es ja um die Grundfeste der ganzen Idee, ökologische Lebensmittel herzustellen. Es geht um unser Selbstverständnis. Deswegen ist das ja auch so heiß debattiert. Wo kommt das Geld eigentlich her, um das Wachstum zu finanzieren? Und das ist nicht egal. Geld kann stinken. Pecunia olet.

Nach außen ist das Thema Lidl abgeschlossen. Ist es das auch für dich?

Es gibt immer noch persönliche Kämpfe, die aber keine Relevanz haben für unsere Kunden.

Inwiefern hast mit den Nachwirkungen noch zu kämpfen?

Weil es Widerstände gegeben hat und immer noch Leute behaupten, es sei der richtige Weg gewesen. Und dann kommt die Dolchstoßlegende dazu, dass behauptet wird, ich hätte die Angriffe auf den Plan gerufen, und deshalb hätten die Kunden und die Lieferanten ihren Rückzug gemacht. Dabei war den Kunden das ziemlich egal. Die wissen, warum sie nicht mehr gekommen sind.

Auch Herrmannsdorf hatte nicht mehr geliefert …

Damit musste ich auch noch notgedrungen kämpfen.

Es macht mich erstaunlich wenig unruhig. Früher wäre ich vor Angst schon gestorben. (lacht) Da hätte ich schon den Kopf in den Sand gesteckt und wäre abgehauen. Heute ist es zwar anstrengend, aber es geht seinen Lauf, und es ist jetzt nicht bedrohlich für mich. Da muss man durch. Und ich glaube, dass es am Ende das Unternehmen und alle Beteiligten stärkt, auch wenn man jetzt gegen Rechtfertigung und Schuldzuweisung kämpfen muss. Es ist mühsam, aber wenn wir diesen Prozess durchschreiten und alles auf den Tisch legen, dann ist das gut für alle.

Glaubst du, das Leben gibt dir die Aufgaben, die du meistern kannst?

Ja, und das Schöne ist, dass ich nicht alleine bin. Ich habe Freunde und Mitstreiter, die ideell auf meiner Seite stehen, so wie die Mehrheit der Aktionäre, die Mehrheit der Mitarbeiter und der ganze Aufsichtsrat.

Wie hast du an dir gearbeitet, um deine Schwächen zu überwinden? Was hast du gemacht?

Neben dem eigentlichen Job habe ich in meinen beruflichen 25 Jahren immer wieder an irgendwelchen Kursen teilgenommen, die mich bewusster werden lassen. Dafür muss man sich die Zeit nehmen, denn nicht nur der Körper, sondern auch der Geist muss entspannen, um wieder neue Ideen zu kriegen. Das war in den 80er Jahren teilweise sehr esoterisch, was ich auf der Ebene nicht wieder machen würde, aber es gibt sehr viele ernsthafte Programme, wo man wirklich eine Menge über sich lernt. Wenn du alleine grübelst und versuchst, dein Leben zu verbessern oder zu ändern, dann landest du oft in der Sackgasse und bist frustriert. Aber in einer Gruppe, zusammen mit anderen Menschen, kommt viel schneller viel mehr dabei heraus. Es ist gut, wenn man sich in kleinen Schritten mit seinem Leben auseinandersetzt und sein Leben nicht einfach vor sich hinplätschern lässt.

Wie setzt du dich mit deinem Leben auseinander?

Ich habe in den letzen beiden Jahren beispielsweise eine Coaching-Ausbildung gemacht. Indem man andere Leute coacht, lernt man, wie man

mit solchen Fragen des Lebens umgeht. Dabei kriegt man einfach eine wahnsinnige Kenntnis über sich selber und über die anderen. Ich arbeite jetzt nicht als Coach, aber ich merke, dass ich sicherer werde, Leute einzuschätzen, mit Leuten umzugehen und die richtigen Fragen zu stellen. Systemisches Coaching nennt sich das. Systemische Gebilde, die wir immer antreffen. Ob in der Familie, in der Firma, in der Gesellschaft als Ganzes. Das kann man oberflächlich betrachten, aber man kann auch versuchen, das System zu verstehen. Warum handelt er so? Und warum reagiert sie so? Das sind die Sachen, an die man oft gar nicht so richtig rangeht. Sachen, die unter der Oberfläche liegen. Da kann man andere hinführen, aber auch sich selbst.

Das heißt, man soll einen Coach oder Therapeuten aufsuchen, der einen neben dem Beruf weiterbringt?

Ja, das ist Handwerkszeug fürs Leben. Man muss sich die Zeit nehmen, Sachen zu besprechen und zu erleben. Das geht in Einzelgesprächen, aber am besten ist es, wenn man das in einer Gruppe macht. In der Gruppe gibt es weniger Sicherheit, da hält einem schon mal jemand den Spiegel vor. Und das hassen wir ja wie die Pest. Denn dadurch kommt

man aus seiner eigenen Ich-Rolle raus und sieht sich aus der Vogelperspektive, anstatt immer in sich selber zu stecken. Ich würde sagen, das gehört dazu.

Was bedeutet für dich Erfolg?

Wenn ich meine Berufung gefunden habe. Und die Berufung habe ich gefunden, wenn ich erfolgreich bin. Und wenn ich berufen bin und das erfolgreich mache, dann bin ich glücklich.

Wie erkennst du deine Berufung?

Das ist ein schweres Thema. Was ist meine Berufung? Fühl ich mich wohl, mit dem was ich mache und was ich tue? Ich habe da oft meine Zweifel gehabt, da ich ja ziemlich vorgeprägt bin.

Vorgeprägt durch die Familie?

Genau. In meiner Familie ging es ja immer nur um Landwirtschaft und Fleischproduktion, Fleischverarbeitung, Metzgerei. Ich bin zwischen dampfenden Tierkörpern groß geworden. Wie soll man sich da befreien? Das versuchte ich einmal, zweimal, und habe auch meine Umwege gemacht.

Welche Umwege?

Ich habe eine Metzgerlehre angefangen und aufgehört. Ich habe Betriebswirtschaftslehre angefangen und aufgehört. Dann habe ich meine Metzgerlehre fertig gemacht, und danach habe ich Volkswirtschaftslehre und Soziologie weiterstudiert. Und dann bin ich viel zu früh in das Familienunternehmen, Herrmannsdorf, dann wieder raus und wieder rein. Also immer erst mal weg, zwei Jahre etwas anderes machen, und dann wieder zurück. Und bei Basic jetzt auch. Ich glaube, wenn noch nicht erfüllt ist, was du zu machen hast, dann musst du es einfach wieder neu aufnehmen, dann musst du wieder zurück.

Wie war das für deinen Vater, der zu jener Zeit ja noch nicht wusste, dass er selbst einen großen Bruch vollziehen würde – von Herta zu Herrmannsdorf?

Es gab schon extreme Brüche. Und die waren wichtig, um zu verstehen, was ich wirklich will.

Wie haben deine Eltern auf dein ständiges Hin und Her reagiert?

Das haben sie tolerant gesehen.

Was wohl die beste Haltung war …

Ja, aber du selbst grübelst, was ist jetzt richtig, was ist jetzt falsch, welchen Weg willst du einschlagen, gehst den einen, probierst den anderen. Alles sind Schritte, die wichtig sind.

Hattest du nie Hemmungen davor, wieder zurückzugehen?

Nein. Als eigenverantwortungsvoller Mensch stehst du öfters an dem Punkt, an dem du dich fragst, will ich das wirklich weiterhin so machen. Das ist ganz normal. Es ist ein gutes Zeichen, wenn man sich auseinandersetzt und sich fragt: Ist das noch mein Weg? Denn dann musst du dich wieder neu entscheiden und die Bedingungen für dich und die Leute, mit denen du zusammen bist, neu klären. Ich habe auch bei Basic viele Mitarbeiter, die wieder zurückgekommen sind, nachdem sie gekündigt hatten. Ich bin deswegen nie böse, höchstens traurig, weil es sehr schade ist, gute Leute zu verlieren. Aber da ich weiß, dass man sich irgendwann mal wiedertrifft im Leben, versuche ich möglichst wenig emotionale Baustellen zu haben.

Wie gehst du mit den Fehlern anderer um?

Manchmal bin ich zu weich. Ich bin froh, wenn andere ihre Fehler einfach mal zugeben. Dann kann man wieder neu weitermachen. Dann kommt man eine Ebene höher. Es ist schwierig, mit Leuten zusammenzuarbeiten, die sich selber nach oben schieben und nie Fehler machen. Ich finde es gut, wenn Leute offen sagen, da habe ich Mist gebaut.

Was willst du an deine Kinder weitergeben?

Alles! (lacht) Man wirft mir ja manchmal vor, ich hätte meine Kinder in die Lehre getrieben. Aber was machst du, wenn du mit deinen Kindern

sprichst? Du sprichst aus deiner eigenen Erfahrung. Für mich war es Luxus. Mir hat es gutgetan, dass ich vor meinem Studium eine Lehre gemacht habe, aber was du machst, musst du selber entscheiden. So redet man mit den Kindern. Man kann ja nicht einfach nur sagen, mach was du willst. Wenn du deinen Kindern nah bist, dann probieren sie vielleicht auch mal den Weg aus, den du vorschlägst, und sagen eventuell hinterher, das ist nicht meiner, ich will das nicht. Und wenn sie Glück haben, dann finden sie ihren Weg selber.

Neben einer guten Ausbildung, was bedeutet Luxus noch für dich?

Luxus ist sauberes gutes Essen, sich freimachen von Stress und ein natürliches Leben zu leben. Das ist der wahre Luxus.

An welchem neuen Projekt arbeitest du?

Ich habe drei Projekte, die so in meinem Kopf kreisen. Eines ist ein Bildungsprojekt, denn Bildung ist eine echte Misere bei uns. Die treibenden Kräfte sind Reformpädagogen, die ich kennengelernt habe und die ein anderes Bild haben von dem, was ein junger Mensch braucht. Man muss den Jugendlichen, die aus der Schule kommen, die Möglichkeit geben, sich selbst zu entfalten. Das haben sie in der Schulzeit nicht erlebt. Dazu werden wir in Sonnenhausen und Herrmannsdorf so eine Art alternative Schule gründen. Mit bis zu vierundzwanzig Schülern,

die einerseits die Theorie lernen und andererseits eine praktische Berufsausbildung machen – im Prinzip eine Art erweiterte Familie. Es gibt viele Kinder, die aufgegeben werden, weil sie eine Lernschwäche oder eine soziale Schwäche haben. Wenn du ihnen aber das gibst, was sie haben wollen, dann fangen sie automatisch an, zu lernen. Ich habe das auch selbst erfahren. Bei einem Lehrer, der mich nicht begeistert hat, habe ich auch nichts gelernt. Da habe ich Fünfer geschrieben und bin einmal sitzen geblieben. Sechs Fünfer, das muss man erst mal nachmachen. Ich bin dann auf drei Fünfer runtergekommen. Das hat aber auch nichts genützt. (lacht)

Und morgen bist du schon wieder auf dem Weg nach Afrika, um ein weiteres Projekt vorwärtszutreiben?

Damit möglichst viele Flächen in der Welt auf Bio umgestellt werden, habe ich eine Firma in Afrika gegründet, die Biofair Afrika. Die Firma hat sich zur Aufgabe gemacht, in den küstennahen Regionen der Elfenbeinküste ganze Dörfer auf Bio umzustellen. Das sind Dörfer, die sozusagen im Dschungel sind, und die, ohne dass sie es wissen, nach den Prinzipien der Permakultur eine Polykulturlandschaft mit mehrjährigen Gewächsen betreiben. Wo man, simpel gesagt, nur in den Dschungel reinläuft und die Früchte, den Kaffee und den Kakao herausholt. Da es tropisch äquatorial liegt, hast du durch den Jahresverlauf ähnliche klimatische Verhältnisse und kannst das ganze Jahr ernten. Auf 30 Meter hohen Avocadobäumen sitzen die Jungs und schmeißen die reifen Avocados runter, und unten sitzt einer, der legt sie in einen einfachen Bastkorb und bringt sie zu den Sammelstellen in den Dörfern.

Scheinen paradiesische Umstände zu sein. Was wollt ihr daran verändern?

Wir wollen das Ganze auf Bio umstellen und verhindern, dass ganze Landstriche abgeholzt werden und dann Intensivlandwirtschaft betrieben wird. Das passiert ja bei Bio leider auch. Deswegen ist es ein Projekt, das drei Teile hat. Einerseits ist es Bio, andererseits ist es ein Permakultur-Erhaltungsprojekt, also ein Regenwaldprojekt, und zusätzlich ist es ein soziales Projekt. Wir verbessern die Bedingungen in den Dörfern, wie medizinische Versorgung und Bildung. Unterstützt werden wir von Helvetas, der schweizerischen Entwicklungshilfegesellschaft, die in Westafrika viel Erfahrung hat.

Und was ist dein drittes Projekt?

Ich möchte gerne auf den Flächen in Sonnenhausen, neben den Pferden und Rindern, eine CSA nach amerikanischem Vorbild machen.

Was bedeutet CSA?

Consumer Supported Agriculture. Das bedeutet, dass ein Bauer seinen Anbau nicht pro Kilo für eine Summe X auf dem Markt verkauft, sondern dass es eine Gruppe von Familien gibt, die einen Bauer dafür bezahlt, dass er für sie nach besten Wissen und Gewissen, nach der Anbauplanung, die jährlich gemacht wird, Lebensmittel herstellt. Zweimal in der Woche werden die Waren, die reif geerntet wurden, aufgeteilt. Da wird nicht mehr gewogen, sondern es wird geteilt. Für die Leistung des Bauern zahlen die Mitglieder, die Familien, einen Jahresbeitrag. Somit ist ihr Jahresbeitrag nicht der Preis für die Ware, sondern für die Leistung, die der Bauer erbringt, damit er überleben kann. Er produziert auf seinen Flächen das, was abgesprochen ist, und wenn mal eine Ernte ausfällt, ist das auch nicht der Tod für ihn. Und falls es mal einen Überhang gibt, dann sind die Mitglieder bereit, diesen Überhang zu verkochen. Somit bleibt auch nichts übrig. Das ist ein geniales Vertragswesen, das auf Nachhaltigkeit aufbaut, auf optimale Resteverwertung ausgerichtet ist, die Leistung des Bauern optimal nutzt und den Anbau hier fördert.

Wie viele Mitglieder braucht ein Bauer, damit er davon leben kann?

Je nachdem wie groß die Flächen sind. In Sonnenhausen werden wir die Gastronomie mitversorgen und dann erst mal klein mit 30 bis 50 Familien anfangen. Die Familien wissen, dass der Bauer für die nächsten Jahre ihr Lebensmittelversorger ist. Damit haben die Leute auch Anschluss an den Boden, die Kinder können sehen, wie alles wächst, und auch ernten – eben dieses Gefühl, das verloren gegangen ist. Heute sind Lebensmittel alle anonym, und keiner weiß mehr, wo sie eigentlich herkommen. Hier kannst du den Anschluss an unser Land wiederbekommen.

Gibt es für dich überhaupt noch Freizeit?

Das ist meine Alphornbläserei. Wenn ich von der Elfenbeinküste zurückkomme, fahre ich gleich zum Dachstein. Roswitha Pross und ich haben aus Spaß und Jux und Tollerei das Münchner Alphornkollektiv gegründet, und irgendwie hat sich der Kreis der Alphörnchen vergrößert. Heute sind wir schon zwölf. Das ist schon sehr frei, das ist eine Insel in dem großen Ozean des Business.

In seinem Haus
bei Bad Tölz

Hans Langner (Birdman)

Künstler

Ich habe gelernt,
dass alles möglich ist –
außer ich tue es nicht.

Dein Haus ist ein Gesamtkunstwerk, das mit sehr viel Liebe zum Detail gestaltet ist. Bist du ein Perfektionist?

Das kommt auf die Betrachtungsweise an, was man unter Perfektionismus versteht. Perfektionismus hat sehr viel mit Strenge und Härte zu tun, und in jungen Jahren war ich sehr streng und sehr hart zu mir. Das bin ich zum Glück losgeworden.

Inwiefern warst du sehr streng und hart zu dir?

Indem immer alles genau so perfekt sein sollte, wie ich es mir vorgestellt habe. Dabei ist das ein Hirngespinst, denn Perfektionismus hat zu tun mit Erwartungen, Vorstellungen, Wünschen, Hoffnungen, mit irgendwas, das noch nicht existent ist, und das ich haben möchte. In diesem Moment tritt schon eine Verspannung ein, weil es nie so erfüllt wird, wie ich es mir vorstelle.

Ich habe gelernt, ohne Vorstellungen, ohne Erwartungen, ohne Wünsche und ohne Ziele zu leben. Dadurch wird das Leben plötzlich ganz frei und ganz leicht.

*Wie geht es, ohne Ziele zu leben? Setzt du dir zum Beispiel nicht das
Ziel, eine Ausstellung zu machen?*

Wenn jemand wegen einer Ausstellung oder einer Performance auf mich
zukommt, dann versuche ich diese Aufgabe zu erfüllen. Aber ich habe
nicht das Ziel, irgendwo in einer bestimmten Galerie auszustellen, denn
das tritt vielleicht nie ein. Wenn ich jedoch ohne diese Hoffnungen lebe, dann kann alles eintreten, wie es eintreten möchte, und ich sehe alles
als Geschenk. Das hat zwar lange gedauert, bis ich dahin gekommen bin,
aber dadurch kann nichts mehr schief gehen, es gibt keine Fehler mehr,
und der Perfektionismus löst sich auf. Alles ist perfekt, so wie es ist. Es
wird nur unperfekt, indem ich es anders haben will, als es ist.

Also macht es der Mensch selbst unperfekt.

Ja, indem er vergleicht. Es gibt ja immer einen der erfolgreicher ist, der
besser aussieht, der mehr Geld hat, der gesünder ist, der den tolleren
Partner hat oder die Superkinder, wie auch immer. In dem Moment,
in dem ich anfange zu vergleichen, bewerte ich und entwerte ich. Das

heißt, ich werte einen anderen auf oder ab. Ich habe aufgehört zu vergleichen, denn ich kann gar nicht so sein wie der andere. Jeder ist ein Unikat, und jeder hat einen anderen Weg.

Oft ist es nur der Schein, und man weiß nicht, was dahinter ist. Es gibt ja auch den schönen Satz, der Schein trügt. Es sieht nach außen so wunderbar aus, jemand scheint ganz zufrieden und glücklich zu sein und ist im Kern todeinsam und unglücklich.

Was bedeutet für dich Erfolg in der Arbeit?

Wenn mir das, was ich tue und wovon ich lebe, Spaß macht. Das ist für mich der größte Erfolg. Dann ist alles andere nicht mehr so wichtig. Erfolg ist für mich auch, wenn ich durch meinen Beruf etwas transportieren kann, was wahrgenommen wird.

Mir geht es mit meiner Malerei und mit meinen Vögeln darum, Einfachheit und Klarheit in die Welt zu bringen. Wir sind in einer so »verkopften« und verkomplizierten Welt angekommen, wir brauchen Einfachheit. Gerade Kinder reagieren ganz besonders intensiv auf meine einfachen Vögel, da Kinder diese Einfachheit noch haben. Schwermütige und kopflastige Kunst gibt es genug, das muss ich nicht auch noch machen. Das machen andere.

Das ist aber keine Wertung.

Das ist einfach so. Es gibt ja viel schwermütige und kopflastige Kunst. Vielleicht sagen manche: »Ach, das ist zu einfach, so ein Vögelchen, das kann ich auch.« Aber was nicht jeder kann, ist, tausend verschiedene einfache Vögel zu malen.

Und so fröhliche Vögel.

Ich glaube, ich transportiere mein Zufriedensein und meine Glückseligkeit durch meine Vögel.

Hast du als Kind viel gemalt?

Nein, überhaupt nicht. Ich hatte in Kunst eine Drei oder eine Vier und habe erst mit 26 Jahren angefangen, zu malen. Ich hatte auch nie das Bedürfnis gehabt, zu malen.

Was hast du vorher gemacht?

Zuerst habe ich ganz brav eine Ausbildung zum großen Außenhandelskaufmann gemacht, da ich Textilbetriebswirtschaft studieren wollte und dafür eine kaufmännische Ausbildung plus Praxis im Textilbereich gebraucht habe. Die Ausbildung war gut als Basis und hat mir mein ganzes Leben etwas genutzt. Nachdem ich in Stuttgart und in München gearbeitet hatte, wollte ich nicht mehr zurück nach Nagold, in die Kleinstadt, in der ich aufgewachsen bin und wo die Textilfachschule ist. Ich ging dann zwei Jahre auf eine Schauspielschule. Das wollte ich eigentlich schon immer, hatte mich aber nie getraut.

Was hat dir die Schauspielschule gebracht?

Sehr viel. Man hat ja in der Schauspielerei nur den Körper, die Stimme und die Gefühle, und durch sie transportiert man irgendwas. Ich kam an meine Gefühle, an die Kreativität, habe Bühnenerfahrung gesammelt und freies Reden gelernt.

Heute stelle ich mich vor 1000 Leuten hin und fall nicht tot um. Das hätte ich früher nicht gekonnt. Schauspielunterricht ist für mich spielerische, freiwillige Therapie.

Wie bist du zum Malen gekommen?

In Stuttgart wohnte ich in einer WG, in der einer der Mitbewohner einmal im Monat mit einem Freund malte. Ich hatte von Anfang an große Lust, mitzumalen, aber ich wollte die beiden nicht stören, und so sind Monate ins Land gegangen. Als dieser Freund eines Tages nicht erschienen war, sprang ich ein. Nachdem ich die ganze Leinwand vollgemalt habe, konnte ich nicht mehr aufhören.

Direkt vor der Nachbarstür fand ich zwanzig halbtürgroße Holzplatten bereitgestellt für den Sperrmüll, und die habe ich dann bis nachts um halb vier bemalt – solange, bis die Farbe aus war.

Wie hat sich das angefühlt?

Wie eine Explosion – ein Rausch. Die erste freie Berührung mit der Kunst. Niemand hat mir gesagt, mach dies oder mach das – wie im Kunstunterricht. Das habe ich gehasst.

Und bist dann von der Schauspielerei ganz weg?

Zuerst habe ich neben der Schauspielerei nur im stillen Kämmerchen gemalt und wollte nach der Schauspielschule eigentlich beides machen. Doch meine Agentin hatte kurz darauf ein Engagement bei einem Tourneetheater für mich gefunden, und ich musste mich entscheiden. Ich habe einen Zettel genommen und aufgeschrieben: Vorteile Kunst, Vorteile Schauspiel. Die Liste Vorteile Kunst war länger.

Das war ein mutiger Schritt.

Ja. Ich habe gelernt, dass alles möglich ist, außer ich tue es nicht. Ich habe überhaupt die Erfahrung gemacht, dass alles ziemlich synchron in meinem Leben läuft, d.h., wenn mir ein Gedanke kommt, dann realisiert sich dieser ziemlich oft kurz danach. Nach der Schauspielschule fand ich es z. B. bei Freunden in Bonn sehr schön. Aus Jux setzte ich mich ans Telefon und hatte innerhalb einer Stunde ein Atelier, eine alte Backstube mit 60 qm. Deshalb zog ich nach Bonn.

Meine geistige Lehrerin sagte einmal zu mir, ich sei ein Mensch, der springt vom 10-Meter-Brett mit Kopfsprung, ohne zu wissen, ob Wasser drin ist. Und das ist so.

Also handelst du ganz intuitiv?

Ja, ich bin sehr spontan, sehr intuitiv, sehr gefühlsbezogen, überhaupt kein Rationalist. Ich denke nicht nach, ich mache es. Einer meiner Sätze ist: »Die Kunst ist, wenn man es macht.« Aber nicht nur bezogen auf die Kunst, sondern auf das Leben generell. Viele Leute würden gerne, hätten, möchten, dürften und könnten - tun es aber nie. Den Konjunktiv habe ich aus meinem Wortschatz verbannt und aus meinem Leben.

Seit wann hast du denn diese Sicherheit?

Seit fünf Jahren.

Und was war vor fünf Jahren?

Ja was war vor fünf Jahren? (lacht) Ich habe ein Seminar gemacht, das mein Leben von Schwarz nach Weiß verändert hat.

Was war das für ein Seminar?

»Enlightenment Intensive«. Das empfehle ich allen Leuten, die ich kenne. Enlightenment bedeutet Erleichterung und Erleuchtung. Man kann alte Dinge loswerden, die einen belasten, und erfährt, warum man so ist, wie man ist. Ich war früher sehr ungeduldig, leicht cholerisch veranlagt, aggressiv. Das ist in dem Seminar von mir abgefallen.

Klingt spannend. Wie kann man sich das vorstellen?

Ein Seminar dauert mindestens drei Tage mit ca. 20 Leuten, und man bekommt von unterschiedlichen Partnern die Aufgabe gestellt: Sag mir, wer du bist. Und dann antwortet man zum Beispiel: Ich bin der, der ungeduldig ist … Und man versucht, sich eine Situation herzuholen, in der man ungeduldig war. Zum Beispiel in der Schlange im Supermarkt, wenn man sich schon wieder in der »falschen« Schlange angestellt hat, denn bei den anderen geht es schneller, und jetzt hat die Person, die vor einem steht, auch noch vergessen, das Obst zu wiegen,

und die Kassiererin muss weg, um das Obst zu wiegen ... Jetzt überlegt man weiter, wer bin ich denn in dieser Situation? Und kommt darauf: der, der es eilig hat. Wer ist denn der, der es eilig hat? Der, der vielleicht das Gefühl hat, zu kurz zu kommen. Wer ist denn der, der zu kurz gekommen ist? Der, der noch nie was geschafft hat ... Und so kommt man durch diese Assoziationsketten an Punkte, warum man so ist, wie man ist. Meist kommt es aus der Kindheit. Und dann löst es sich auf.

Darf ich dich fragen, was du dabei erlebt hast?

Bei mir war der größte Knackpunkt, dass ich als Achtjähriger fast erstickt wäre – ein traumatisches Erlebnis, das ich komplett verdrängt hatte. Damals war bei mir das Licht im Bezug auf die Menschheit ausgegangen, weil mir keiner geholfen hatte. Und in diesem Seminar habe ich dieses Gefühl noch einmal erlebt. Dabei war die Situation in der Kindheit keine ungewöhnliche gewesen: Jemand hat mich gekitzelt, ich habe keine Luft mehr bekommen, und die anderen haben gelacht. Und damit war für mich als Kind Realität, dass mich jemand umbringt und die anderen lachen dazu.

Und inwiefern hat sich das ausgewirkt?

Indem ich mit meinem Leben und mit der Menschheit eigentlich nie wirklich klargekommen bin. Ich war ein Grenzgänger, habe nichts ausgelassen und das Leben gelebt, weil ich mich nur durch Grenzerfah-

rungen gespürt habe – also durch Reibung, durch Ungeduld, oder durch Aggressivität. Ich habe andere bewusst gereizt, vor allem fremde Leute, an denen ich mich dann abreagieren konnte. Aber zum Glück ist das völlig weg. Es ist sehr befreiend, dass ich diese Reibung nicht mehr brauche, um mich zu spüren. Ich spüre mich jetzt viel mehr durch die Harmonie und durch den Einklang.

Du hast fast vier Jahre in Hongkong gelebt. Was hat dich damals nach Hongkong geführt?

Mein damaliger Freund ist Diplomat. Er wurde nach Hongkong versetzt, und ich bin mitgegangen.

Zu der Zeit warst du bereits Künstler, hast aber noch keine Vögel gemalt.

Die Vögel habe ich aus Hongkong mitgebracht. Ich habe früher sehr viel mit Fundstücken gearbeitet. Das fing in der Backstube an, die voll war mit altem Gerümpel – und so kam ich zur Objektkunst. Dann, in Hongkong, habe ich die Liebe zur Performance-Kunst entdeckt. Performance-Kunst war mir damals noch gar kein Begriff gewesen, und in Hongkong gab es schon viele Performancekünstler. Das hat mich sehr fasziniert. Somit konnte ich auch den Haken zur Schauspielerei wieder schlagen,

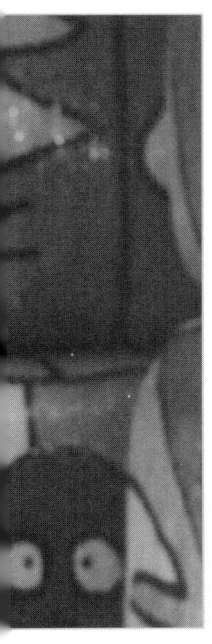

denn durch die Performance hatte ich wieder Bühnenpräsenz. Ich habe dann in Hongkong einmal im Monat eine Performance auf meiner Dachterrasse gemacht. Das hat sich herumgesprochen und war sehr schnell zu einem Treffpunkt geworden.

Wie kamst du denn von der Performance zum Vogel?

Ich liebe Improvisation, was ich in der Performance voll ausleben konnte. Ich hatte mir immer drei Tage Vorbereitungszeit gegeben, denn je weniger Zeit ich habe, desto kreativer bin ich. Also musste ich innerhalb dieser drei Tage Kostüm, Bühnenbild, Sound und Licht machen. Und es war 18 Uhr, am dritten Tag, um 20 Uhr sollten die Gäste kommen, und alles war fertig, bis aufs Kostüm. Die Zeit wurde immer knapper, und plötzlich hatte ich die Idee: Ich wollte Federn am Körper haben. Ich rannte ins Schlafzimmer und habe ein Kopfkissen aufgerissen. In solchen Momenten ist vor mir nichts sicher, ich würde Möbel zersägen, zerhacken, bemalen … ich würde alles verwenden. Ich hatte also die Federn und musste die nächste Hürde nehmen: Wie kommen die Federn an den Körper? Also habe ich mich von Kopf bis Fuß mit Honig eingecremt und mit den Federn beklebt. Das war die erste Transformation zum Vogel. Ab dem Moment habe ich nur noch Vogel-Performances gemacht. Und irgendwann nach ein paar Monaten schrieb ein Redakteur

in Hongkong über mich und nannte mich: The Birdman of Hongkong.
So ist der Name entstanden.

Damals hattest du aber noch keine Vögel gemalt?

Das kam erst ein knappes Jahr später. Nach einem Performance-Festival
sagte ein Chinese zu mir: Du bist der Birdman und du malst keine Vögel? Die Idee gefiel mir, und ich ging heim und fing an, Vögel zu malen.
Sowohl der Künstlername, als auch das Motiv der Vögel sind mir von
den Chinesen geschenkt worden. Ich habe beides nur angenommen.

Dein Leben basiert auf Annahme und auf was noch?

Das hatte mich auch einmal ein geistiger Lehrer in Indien gefragt. Ich
musste erst darüber nachdenken und habe ihm dann am nächsten Tag
geantwortet: Mein Leben basiert auf Geduld, Akzeptanz, Hingabe und
Vertrauen.

Geduld ist für mich das Schwierigste.

Geduld ist das Wichtigste. Ich hätte mir durch meine jugendliche Ungeduld in meinem jetzigen Berufsleben so viel kaputt gemacht, weil ich
irgendwann eine cholerische Attacke bekommen und gesagt hätte, wissen Sie, wir lassen es einfach. Aber mit Geduld denkt man sich einfach,
es wird schon irgendwann passieren – oder auch nicht. Wieder geht es
darum, keine Erwartungen zu haben. Das ist ja das Geniale! Man ist frei
von Enttäuschung, wenn man keine Erwartung hat.

Wie kommt man dahin?

Indem man alles so nimmt, wie es ist, und es kein Haar anders haben möchte.

Und trotzdem in seinem Schaffen und seinem Tun weitermacht?

Und an sich glaubt und mit Idealismus und Geduld weitermacht. So wie mit Freude und Begeisterung und Hingabe und Liebe, das tut, was man tut.

Du fährst oft nach Indien?

Ja, wenn es beruflich irgendwie geht. Ich melde das immer schon Mitte des Jahres an, dass ich dann zwei Monate im Winter verschwunden bin. Während des Jahres besteht mein Leben nur aus Arbeit: aufstehen, arbeiten, schlafen. Freizeit ist Essen und Schlafen.

Deine Arbeit ist sehr abwechslungsreich. Du übst eine ganze Reihe von verschiedenen Berufen aus.

Ich mache Malerei, Objekte, Installationen, auch verbunden mit kompletten Raumverwandlungen. Ich komponiere, texte, mache die Kostüme und trete dann singend in meinen Kostümen auf. Ich mache immer das, was am meisten gefragt wird. Im Moment ist es die Malerei. Ich schreibe auch noch Texte und Aphorismen und Kurzgeschichten, wobei das noch kein Beruf ist, aber es kommt bestimmt irgendjemand, der das veröffentlicht. Da bin ich sehr optimistisch.

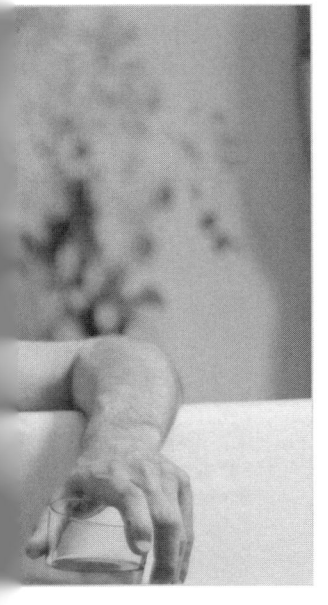

Hast du eine Ausbildung als Sänger?

Ich bin Autodidakt. Das Schöne ist, dass man alles in sich hat. Man muss es nur zulassen. Auch den Gesang. Angefangen hat alles vor fünf Jahren in einem Club in München. Beim Vorstellungstermin für eine Performance habe ich einfach behauptet, ich würde auch singen. (lacht) Das ist das, was ich mit Synchronizität meine: Ich beginne mit dem Singen, und eine Woche später stehe ich in einem Club und singe.

Wie kann man diese Synchronizität erreichen?

Man muss es zulassen und mit dem Herzen leben, denn die Gedanken zermürben und machen oft alles kaputt. Ich hätte ja denken können, oh ich singe erst seit einer Woche, kann ich das überhaupt? Darf ich mich Sänger nennen? Dann wäre das nie etwas geworden. Aber ich habe keine Angst, ich tue es einfach, denn ich habe nichts zu verlieren. Ich verliere es nur, indem ich es mir selbst kaputt mache, indem ich es nicht tue. Das ist der einzige Moment, in dem ich es verlieren kann. Nur durch mich selbst. Oder wenn jemand in meinem Umfeld ständig sagt, tu das nicht, mach das nicht, du kannst das nicht, du darfst das nicht ... und ich auf ihn höre.

Wie reagierst du, wenn solche Zweifler zu dir kommen?

Die sind bei mir sehr selten. Und wenn, dann hör ich gar nicht hin, sondern sage nur: Du traust dich nicht, aber ich schon. Oder für dich stimmt

das nicht, aber für mich stimmt das. Ich lass mich von so was weder beeindrucken noch beeinflussen.

Über was singst du?

Ich singe und komponiere ganz leichte, freie Lieder vom Himmel auf Erden, von der Liebe und von der Glückseligkeit. Diese Lieder sind auch nach dem Seminar entstanden, denn seitdem lebe ich im Himmel auf Erden.

Das war nicht immer so. Wie war deine Schulzeit?

Ich habe sie gehasst vom ersten bis zum letzten Tag. Mit Lehrern gestritten, rausgeflogen aus dem Unterricht. Also mein Statement ist: Schule ist Knast. Ich finde, wir machen unsere Kinder durch dieses Schulsystem kaputt. Kinder sollten viel länger spielen und spielerisch lernen dürfen, mindestens 12 Jahre.

Welchen Rat würdest du jungen Menschen geben?

Macht das, wozu ihr Lust habt und lasst euch von niemand beirren, auch wenn es noch so absurd klingt. Auch wenn alle sagen, du wirst es nicht schaffen, denn es gibt zu viel Konkurrenz. Mach es, tu es, glaub an dich! Lass dich von niemand beeinflussen.

Was ist dein liebster Aphorismus?

Mein liebster und kürzester Aphorismus ist: Nimm's leicht und leicht hast du's.

Wir nehmen einfach vieles zu schwer, und dadurch quält es uns und belastet uns – aber in dem Moment, in dem wir es leicht nehmen, löst es sich auf. Das Wichtige ist, sich das Kindsein zu bewahren. Ich lebe hier als Kind in meinem Reich und für mich ist »My Home« nicht »My Castle«. Für mich ist »My Home« einfach ein Märchenland, in dem ich mein eigener Märchenprinz bin. Ich heiße ja Hans, und ich empfinde mich als die Personifizierung von »Hans im Glück«. (lacht) Ich denke immer, dass dieses Märchen für mich geschrieben wurde, denn der macht auch keinen Unterschied mehr. Ihm ist es egal, ob er ein Pferd oder ein Schwein hat. Das ist auch wieder der Zustand der Gleichwertigkeit. Er tauscht den Goldklumpen gegen ein Pferd, das Pferd gegen ein

Schwein, das Schwein gegen eine Gans, und letztendlich hat er gar nichts mehr, aber er hat sein Glück.

Wenn du eine Beziehung zu einem Tier hast, wie du zu deinem Hund, dann kann es ja nicht egal sein.

Das ist richtig, aber trotzdem habe ich meinen Hund losgelassen, als er gestorben ist. Das ist eine Gabe, die ich entwickelt habe im Laufe des Lebens – zum Annehmen gehört Loslassen. Wir können nichts behalten. Gar nichts.

Antoine de Saint-Exupéry hat in »Der kleine Prinz« geschrieben: Du bist zeitlebens für das verantwortlich, was du dir vertraut gemacht hast. Deswegen ist das Loslassen die große Freiheit. Selig sind die, die nichts haben. Es ist ein Trugschluss zu denken, je mehr ich habe, desto glücklicher bin ich. Weit gefehlt. Je mehr ich habe, desto mehr muss ich aufpassen, desto mehr muss ich mich kümmern, desto mehr muss ich mich sorgen.

Was hat dein Leben so leicht gemacht?

Einmal der Satz: Leben ist Geschichte. Das heißt, jeder Augenblick ist neu und doch schon wieder uralt, denn was vorbei ist, ist uralt. Ich habe erkannt, dass es nichts mehr gibt, über was ich mich ärgern muss, denn damit verderbe ich mir nur die neue Sekunde. Es ist es nicht wert, sich über etwas Altes zu ärgern.

Und ein Satz von Mutter Teresa. Sie hat sinngemäß gesagt, sei sicher, dass jeder, dem du begegnest, nach der Begegnung mit dir glücklicher ist, als zuvor. Was für ein wunderbarer Satz. Wenn man dem folgt, hat man gar keine Veranlassung, zu streiten oder verletzend zu sein, denn dadurch wäre dieser Satz nicht mehr erfüllbar.

Betest du regelmäßig?

Jeden Morgen bevor ich aufstehe gibt es die Morgenaffirmation: Ich bin offen für Wunder, dein Wille geschehe.

Hattest du schon einmal einen schweren Schicksalsschlag erlebt?

Das Einschneidendste war für mich der Tod meines Bruders vor fünf Jahren – er ist tödlich verunglückt. Als ich die Nachricht am Telefon erfuhr, habe ich den Schmerz um diesen Tod in ein so weites offenes Herz gelassen, dass ich dachte, ich sterbe mit – so schmerzhaft war es. Ich habe geschrien. Aber dann war es integriert und hat sich aufgelöst, sodass ich am Todestag meines Bruders schon versöhnt war. Man glaubt immer, dass man einen Schmerz besser aushält, wenn man ihn nicht an sich ranlässt, doch dadurch wird das Leiden nur viel länger und viel qualvoller. In dem Moment, wo ich es ranlasse, integriert es sich und löst sich auf. Alles, was ich von mir halte, bleibt auf Armlänge an mir kleben. Und alles, was ich reinnehme, transformiert sich.

So hat doch jeder Mensch die Wahl.

Absolut. Es ist aber viel leichter, sich hängen zu lassen, als aufzustehen. Auch bildlich gesprochen: Es ist viel leichter zu liegen, als zu stehen. Das Aufstehen muss man täglich selbst verrichten.

Du kannst mit Veränderungen extrem gut umgehen.

Das ist ja das Fatale, dass viele Menschen Veränderung nicht akzeptieren, dabei verändert sich in jeder Sekunde alles. Nichts bleibt. Die Situation, wie sie vor drei Minuten war, können wir nie, nie mehr wiederholen. Wir versuchen immer die Veränderung zu umgehen und suchen Dauerhaftigkeit und Haltbarkeit.

Das ist auch in der Kunst so. Genau deswegen liebe ich vergängliche Kunst. Die Heuballen sind Kunst für eine Saison. Ich bemale sie im Herbst, und im Frühjahr werden sie verfüttert. Die Folie wird abgerissen und das Kunstwerk ist dahin. Wir leben einfach in der Welt der Ver-

gänglichkeit, und wenn man sich dem stellt, dann verliert vieles seinen Schrecken. Die Veränderung merkt ja jeder, weil er älter wird. Nichts Schöneres als ein würdevoll gealterter Mensch, als diese ganzen anderen, die sich schon siebzig Mal operieren haben lassen. Traurig. Und man sieht es ja eigentlich immer, das ist ja das Schlimme. Es ist einfach ein Trugschluss, dass man dadurch schöner wird.

Welche Bedeutung haben die Vögel für dich?

Leichtigkeit und Freiheit. Zwei Lebenselemente, nach denen sich die meisten Menschen sehnen. Was ich aber so schlimm und so tragisch daran finde, ist, dass der Mensch dem Vogel genau das nimmt, was er sich selbst am sehnlichsten wünscht, und ihn sogar in Käfige sperrt. Wie soll auf dieser Erde je Frieden und Freiheit herrschen, wenn man nicht

endlich aufhört, andere Lebewesen einzusperren. Das fängt beim Vogel an. Ich bin generell gegen jegliche Art von Käfigen für Lebewesen. Ich bin deshalb Vegetarier, weil ich mit Tierhaltung, Tiertransport und Tiertötung nicht einverstanden bin. Diese Tiere sind lebenslang Gefangene – ohne Chance auf Begnadigung, sondern mit Todesstrafe.

Du hast eine freie Pferdeherde vor der Tür, rundherum Natur, und dein Haus ist ein Kunstwerk für sich.

Dieses Haus ist für mich das Herz meiner Kunst. Es ist für mich Atelier, sprich Schaffensplatz, es ist für mich Galerie, es ist eigentlich fast schon ein Museum – das Haus hat sich so mit den Vögeln verbunden.

Menschen sagen, deine Kunst macht glücklich.

Wenn ich male, bin ich von der ganzen Stimmung her positiv. Und das Bild spiegelt das wider – sowie Einfachheit und Klarheit. Man kann ja

nur das malen, was in einem steckt. Meine Bilder waren früher viel unruhiger, aber je klarer ich werde, desto klarer und geradliniger werden auch meine Bilder – immer reduzierter, immer graphischer, immer einfacher. Es ist oft verpönt, einfach zu sein, vielleicht weil es mit schlicht oder einfältig verbunden wird, was ich persönlich aber gar nicht finde. Denn je einfacher ich bin, desto zufriedener bin ich. Manchmal werde ich gefragt, ob es mir nicht langweilig wird, noch den hunderttausendsten Vogel zu malen? Darauf sage ich Nein, weil es auch den hunderttausendsten Vogel vorher noch nicht gab und ich jeden neuen Vogel zum ersten Mal male. Wenn ich im Augenblick lebe, dann male ich immer den allerallerersten Vogel, und alle anderen sind nicht existent. Natürlich sind sie irgendwo, aber ein Bild zu malen ist eine Leidenschaft, und es ist wie eine Liebe. Und auch diese Liebe halte ich nicht. Wenn ich ein Bild gemalt habe, ist es komplett abgeschlossen, und ich lasse es im selben Moment los.

Wie haben die Menschen in der Öffentlichkeit auf deine Vögel reagiert?

Ich glaube die Menschen, die nicht zu kopflastig an meine Kunst herangehen, sondern vom Herzen und Bauch heraus, die erkennen die Kraft und Einfachheit und sehen die Ausstrahlung, die in dem Bild steckt. Wenn jemand zu intellektuell drangeht, dann versteht er es nicht.

Was ist dein Antrieb?

Die Liebe zum Leben generell. Das, was ich habe, zu teilen, also Erfahrungen, Weisheiten – aber nicht missionarisch. Ich habe gemerkt, wenn man versucht, jemand was zu erzählen, der das gar nicht hören will, ist es übergestülpt. Ich jedoch habe eine offene Hand mit Vogelfutter und warte, bis der Vogel kommt.

Du lebst sehr individuell. Ist es möglich, eine gute Beziehung zu führen, und kann jemand mit deinem Tempo und dieser Spontaneität mithalten?

Das ist schon möglich. Also indem man mich lässt. (lacht) Und indem ich lasse. Ich bin zum Beispiel niemand, der jemand verändern muss. Ich kann jeden so stehen lassen, wie er ist. Das ist wunderbar. Ich habe die Erfahrung gemacht, je großzügiger und je freier ich bin, desto mehr Großzügigkeit und Freiheit kommt mir zurück. Das Leben ist einfach immer wieder ein Spiegel.

Was war deine Angst als junger Mensch?

Als junger Mensch war vielleicht meine Angst, nicht gesehen zu werden, und dass aus mir nichts wird. Man hat ja schon als junger Mensch diese Erwartung von außen, dass du was wirst oder dass du den richtigen Beruf erlangst. Meine Angst war viele Jahre, nicht zu wissen, was ich will, oder warum ich hier bin, oder was meine Berufung ist. Aber das hat sich aufgelöst, weil ich es gefunden habe.

Hast du heute noch Angst vor irgendwas?

Nein. Angst ist ein reines Gedankenkonstrukt. Je weniger ich nachdenke, desto weniger Angst habe ich. Ich könnte mir jetzt vorstellen, um Himmels willen, wir können nachher nicht aus dem Haus, weil ein Tiger kommt, der aus dem Zoo entlaufen ist, und der uns auffrisst. Da könnte ich mich so reinsteigern, dass ich jeden Tag Angst habe, dass ein Tiger kommt. Oder auch die Angst, dass sich eine negative Erfahrung, die ich einmal gemacht habe, wiederholt. Dadurch verpasse ich meine ganze Gegenwart. Angst existiert nicht.

Wie kann man denn Kreativität fördern, sowohl die eigene als auch die von Kindern?

Das ist ganz einfach: Durch den wunderbaren Vogel, den ich habe. Ich mache Workshops, davon wahnsinnig viele mit Kindern, die hier ins Haus kommen; ich werde in Schulen eingeladen, in Kindergärten – es ist so viel, dass es fast zu viel ist. Ich finde es immer sehr traurig, wenn ein Kind sagt, es kann nicht malen, denn jedes Kind kann malen. Es kann nur dann nicht malen, wenn ein Lehrer, ein Elternteil oder irgendjemand gesagt hat, es könne nicht malen. Dadurch zerstört man die Kreativität eines Kindes. Und in diesem Falle male ich mit wenigen Strichen

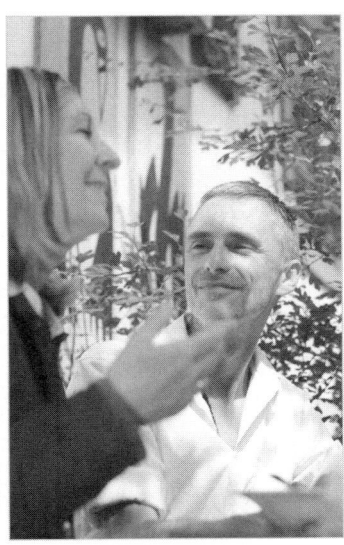 

einen ganz einfachen Vogel (malt) und sage, schau mal, einen Vogel kann man ganz leicht malen. Und dann probieren die Kinder das, können es und blühen auf. Dieser einfache Vogel ist ein Öffner für Kinder. Es ist überwältigend, was ich an Briefen und Zeichnungen von Kindern bekomme; ich schicke ihnen daraufhin immer eine leere Streichholzschachtel, in die ich einen Vogel gemalt habe. Die Kinder gestalten die Streichholzschachtel als Vogelhäuschen, und somit entstehen Gemeinschaftskunstwerke.

Oft glauben die Eltern nicht, dass Kinder etwas erreichen können,
weil es für sie selbst unerreichbar scheint, und entmutigen sie.

Das Schlimme ist, zu weit vorauszugreifen. Jeder fängt irgendwo an und kann nicht gleich der Superstar sein. Schön finde ich, wenn man sich einfach treiben lässt und gar nicht festlegt, wer man ist oder was man ist oder was man beruflich macht. Heute male ich, morgen entwerfe ich irgendwas, dann schreib ich einen Aphorismus, danach schreibe ich einen Song, am nächsten Tag mache ich ein Kostüm.

Ich liebe an meinen Berufen diese Vielseitigkeit. Es ist auch spannend, sich durch den Beruf immer wieder neu zu definieren oder plötzlich zu entdecken, was in einem steckt. Das Schöne an der Kreativität ist, dass sie nie ausgeht.

Ich habe erfahren, dass Kreativität zunimmt, wenn man sie pflegt.

Ich habe da überhaupt keinen Mangel. Das war irgendwann mal eine Quelle, und mittlerweile ist es ein reißender Strom, aus dem ich nur noch die Dinge rauspicken muss. Wichtig ist, nicht zu verzweifeln, wenn anfangs nur ein ganz kleines Quellchen fließt, und sich vor allem nicht mit anderen zu vergleichen.

Wenn jetzt jemand anfängt, Kunst zu machen, und sieht dieses Haus, dann denkt er vielleicht, dass er das nie schafft. Man darf aber nicht vergessen, dass ich das auch nicht über Nacht gestaltet habe. Ich male jetzt seit elf Jahren kontinuierlich Vögel. Natürlich entsteht in elf Jahren etwas und hat sich irgendwohin entwickelt. Mir kam kürzlich auch der Gedanke, ein Flugzeug zu bemalen, komplett, vielleicht silbern und schwarz.

Du sagtest, jeder Vogel ist ein neuer Vogel, aber warum immer
nur Vögel?

Ich mache mir eigentlich keine Gedanken, warum ich immer Vögel male; ich bleib einfach dran, und irgendwann sag ich, es ist vorbei oder es ist nicht vorbei.

Das Leben wird es zeigen, und irgendwann sagst du vielleicht …

das war heute der letzte Vogel. (lacht) Ich glaube, dann schieße ich hundert Raketen hoch. Aber das ist unabsehbar. Kann sein, dass ich bis an mein Lebensende künstlerisch das Thema beibehalte. Ich hab überhaupt keine Ahnung.

VIELE WEGE FÜHREN ZUM ERFOLG

Finden Sie Ihren ganz individuellen,
persönlichen Weg, um Ihr eigenes Potenzial
zu entfalten und zu leben –
den Weg zu Ihrem Erfolg!

Erfolg ist, das zu tun, was man liebt,
und dadurch seinen positiven Beitrag
auf dieser Erde leisten zu können.

Aufbruch und Veränderung

Der Mensch ist ein Gewohnheitstier und bleibt am liebsten in seinen alten Mustern haften. Lieber erträgt er Schmerz, Leid und Sorgen, als sich einem unbekannten Neuen zu stellen. Was er nicht kennt, kann er nicht einschätzen, und davor hat er Angst. Seine Phantasie spielt ihm dazu meist noch einen Streich, indem er sich die unbekannte Zukunft in düsteren Farben vorstellt. Dabei ist die Vorstellung viel schlimmer als die Realität. Pessimismus und Angst verhindern alles: Entwicklung, Wachstum, die Entdeckung des wahren Potenzials – und am Ende ein ausgefülltes, glückliches und erfolgreiches Leben.

DO IT YOURSELF

Sie wollen Ihren Weg alleine finden, möchten Veränderungen in Ihrem Leben ohne professionelle Unterstützung vornehmen? Dann lohnt es sich aber, ein paar Punkte zu beachten.

Vorsicht beim Denken

Gedanken können sich manifestieren und somit blockieren, selbst wenn sie nicht ausgesprochen sind. Stoppen Sie also Ihre negativen Gedanken. Belasten Sie sich nicht weiter mit Gedankenmüll, sondern werfen Sie ihn weg und sammeln Sie stattdessen positive Gedanken und inspirierende Eindrücke. Diese holen Sie immer dann hervor, wenn Sie wieder anfangen, Gedankenmüll anzuhäufen. Nehmen Sie so Abschied von Ihrem alten Leben und beginnen Sie ein neues. Schütteln Sie Ihr Leben auf und befreien es von altem Unrat, damit Sie es besser gestalten können.

Die Hauptrolle in Ihrem Leben

Sie sind der wichtigste Mensch in Ihrem Leben. Falls Sie Kinder haben, leben Sie ihnen vor, dass jeder Mensch das Recht darauf hat, frei zu sein und sich entfalten zu können. Die Aufgabe im Leben besteht darin, herauszufinden, worin Sie besonders gut sind und was Sie interessiert, denn nur das macht Sie glücklich, und nur zufriedene Menschen haben einen positiven Einfluss auf ihre Umwelt und können ihren Beitrag zur Menschheit leisten.

In der Kindheit haben Sie vielleicht gehört: »Nimm dich nicht so wichtig!« oder »Spiel dich nicht so auf!« oder »Träume sind Schäume.« Mit solchen Aussagen, unreflektiert von Generation zu Generation übernommen, beginnt das Dilemma schon im Elternhaus und geht in der Schule weiter. Wir werden erzogen, zurückzustecken, es den anderen recht zu machen, nicht anzuecken und auf keinen Fall egoistisch zu sein. Die Individualität wird nicht beachtet, die Kreativität bleibt auf der Strecke, und die Freiheit wird beschnitten.

Aber wenn Sie sich nicht wichtig nehmen – wer denn dann?

Unerträgliche Tugenden und liebenswerte Fehler

Was sind Ihre Stärken? Erstellen Sie eine Liste, was Ihnen an sich gefällt, was Sie gut machen, und was Sie gerne tun. Schreiben Sie alles auf, und seien Sie nicht zu bescheiden. Anfangs fällt Ihnen vielleicht nicht allzu viel dazu ein, was aber nur daran liegt, dass wir unsere Schwächen viel besser kennen, als unsere Stärken, denn auf die werden wir auch ständig hingewiesen. Seien Sie gnädig zu sich, verzeihen Sie sich Ihre Schwächen und integrieren Sie diese stattdessen in ihr Leben, indem Sie dazu stehen – denn nur so können Sie Schwächen ausgleichen oder daran arbeiten.

Das Wesentliche in Ihrem Leben

Achten Sie darauf, sich nicht zu verzetteln, und bleiben Sie unbedingt bei Ihrer Sache. Das bedeutet nicht, dass Sie anderen Menschen nicht helfen können, im Gegenteil: Wenn Sie sich auf das Wesentliche konzentrieren, bleibt auch dafür genug Zeit. Sich abzugrenzen und auch manchmal Nein zu sagen, ist für ein zufriedenes Leben unerlässlich. Umschreiben Sie aber Ihr Nein mit Worten, wie: »Leider passt es mir nicht« oder »Schade, dass ich dafür keine Zeit habe.« Wichtig ist, dass Sie Ihr Bedürfnis durchsetzen, ohne andere Menschen vor den Kopf zu stoßen.
Viele Menschen leben nur so dahin, ohne sich jemals gefragt zu haben, was Ihnen wichtig ist und was nicht. Um sich das bewusst zu machen, legen Sie am besten eine weitere Liste an. In eine Spalte schreiben Sie alles, was Ihnen guttut, was Sie erfreut, was Sie interessiert – was Ihnen Energie gibt; und in eine andere, was Sie langweilt, was Sie deprimiert, was Sie ärgert – was Ihnen Energie raubt.
Überprüfen Sie Ihr Leben aber nicht nur unter dem beruflichen Aspekt, sondern auch unter dem privaten, und überlegen Sie: Tut er mir dieser Mensch noch gut? Kann ich mich mit ihm austauschen? Was verbindet uns?

TEST: Stehen Sie sich selbst im Weg?

- Sie kritisieren an allem herum ❑
- Sie machen Dinge, die sie nicht mögen ❑
- Sie richten sich immer nach den anderen ❑
- Sie sehen alles schwarz ❑
- Sie geben immer anderen die Schuld ❑
- Sie gestehen sich Fehler nicht ein ❑
- Sie ignorieren Ihr Gefühl ❑
- Sie nehmen das Leben todernst ❑
- Sie bemitleiden sich selbst ❑
- Sie hören auf Zweifler ❑
- Sie geben die Verantwortung ab ❑
- Sie haben Angst vor Veränderung ❑

Arbeiten Sie nicht nur an Ihrem Wissen oder Ihrem Handwerk, sondern auch an Ihrer Persönlichkeit, denn der Mensch ist nicht – der Mensch wird. Es gibt viele verschiedene Methoden, die Sie in Ihrem Entwicklungsprozess unterstützen, fördern und begleiten können. Hier stelle ich Ihnen einige vor.

PERSÖNLICHKEITS-COACHING

»Entwicklung ist ein Prozess. Dieser beginnt mit dem ersten Schritt von Ihnen in die neue Richtung.« Karin Jody Parkhof

Coaching ist die individuelle Beratung und Unterstützung in schwierigen Situationen und Lebensphasen, sei es beruflich oder privat und meist auf einige Sitzungen begrenzt. Coaching verlangt von Ihnen Eigenverantwortung sowie die Fähigkeit zur Selbstreflektion. Es orientiert sich an konkreten Fragestellungen und Zielen, zeigt die eigene Situation auf und führt zu schnell spürbar werdenden Veränderungen in Ihrem persönlichen Entwicklungsprozess. Sie gewinnen an Souveränität und ein Mehr an innerer Zufriedenheit und Freiheit, indem Sie lernen, neue Ideen zu entwickeln, diese umzusetzen und Ihre Entscheidungen mit Herz und Verstand zu treffen.

PSYCHODRAMA
»Handeln ist heilender als Reden«
J. L. Moreno

Das Psychodrama, entwickelt von dem Wiener Arzt Jakob Levy Moreno Anfang des 20ten Jahrhunderts, entstand aus dem Stegreiftheater und ist die älteste Form der Gruppenpsychotherapie.

Psychodrama nutzt das szenische Spiel, das Handeln in Rollen und die Darstellung in Bildern und Symbolen, um Stärken zu fördern und alte Muster zu lösen. In einer Psychodrama-Gruppe erleben Sie die innere Wirklichkeit von sich und anderen in den Rollen, die Sie im spontanen Rollenspiel übernehmen. Sowohl Konflikte als auch konkrete Lösungen werden über die Rollen direkt erfahrbar gemacht. Bedürfnisse und Gefühle werden unmittelbar wahrgenommen. Diese bewusste Form der Selbsterfahrung, die Befreiung von eingefahrenen Handlungsmustern und der Zuwachs an Rollen-Identität führen zu neuer Lebensqualität. Sie lernen Ihr Leben eigenständig und selbstbewusst zu gestalten und gewinnen Souveränität.

Durch Psychodrama entwickeln und stärken Sie Ihre Persönlichkeit. Dies geschieht nicht an einem einzigen Wochenende, sondern in wöchentlichen Workshops, die auf einen längeren Zeitraum ausgerichtet sind. Diese Workshops werden weniger geführt, sondern unterliegen eher einer demokratischen Form, da Entscheidungen meist von Ihnen und der Gruppe ausgehen. Es ist eine Arbeit in der Gruppe, mit der Gruppe und für die Gruppe.

»Ziel des Psychodramas ist die Aktivierung und Integration von Spontaneität und Kreativität. Konstruktives spontanes Handeln ist zustande gekommen, wenn der Protagonist für eine neue oder bereits bekannte Situation eine neue und angemessene Reaktion findet.«
Jakob Levy Moreno, 1959

Das Psychodrama ist der Vorläufer von Familienaufstellungen und Systemischen Aufstellungen.

FAMILIENAUFSTELLUNG
SYSTEMISCHE AUFSTELLUNG

Familienaufstellung wie auch Systemische Aufstellungsarbeit wird innerhalb eines Seminars angeboten. Das zeitliche Angebot reicht von drei Stunden bis zu drei Tagen an einem Wochenendseminar. Da mehrere Personen als Vertreter benötigt werden, sollten mindestens acht Personen an einer Aufstellung teilnehmen. Diese Vertreter werden als Stellvertreter von Personen in Ihrem Umfeld benannt und in dem Übungsraum aufgestellt, wodurch Ihr System (berufliches und privates Umfeld) simuliert wird. Indem der Aufstellungsleiter diese Vertreter nach ihrer Wahrnehmung befragt, erhalten Sie verblüffende Erkenntnisse und wichtige Informationen zur Entwicklung Ihres weiteren beruflichen oder privaten Weges.

Neben Personen werden auch Begriffe oder Symbole aufgestellt, z. B. für den zeitlichen Aspekt, oder für Eigenschaften wie Angst, Zorn, Freude, usw. Deren Bedeutung kann auch verdeckt verwendet und erst am Ende der Aufstellung bekannt gegeben werden.

Ihre Familie können Sie sich nicht aussuchen, aber aufstellen.

Die Familienaufstellung (von Bert Hellinger stark beeinflusst) zeigt, wie sehr jeder Einzelne ein Teil eines Familiensystems ist, mit dem er schicksalhaft verbunden ist. Viele private und berufliche Probleme haben ihren Ursprung in der Familie. Über Generationen hinweg werden oft uralte Verhaltensweisen, negative Gefühle und tragische Schicksale weitergegeben, die Sie heute mit sich herumschleppen. Dies kann zu psychischen und physischen Störungen und Erkrankungen führen, obwohl der Betroffene nicht die leiseste Ahnung hat, dass er einen Rucksack mit den Altlasten der Familie auf seinem Rücken trägt.

Mit Hilfe der Familienaufstellung können Sie diesen Rucksack entleeren, indem Sie diese familiären Verstrickungen schnell und einfach erkennen und sich somit bewusst machen. Sie erhalten beim Familienaufstellen ein neues inneres Bild und schaffen auch in der Familienstruktur einen Ausgleich.

Diese Methode kann sich auf jeden Einzelnen positiv auswirken, der zu Ihrem System gehört – auch wenn derjenige gar nicht weiß, dass Sie an einer Familienaufstellung teilgenommen haben.

Achtung!

Hüten Sie sich vor Scharlatanen und selbst ernannten Therapeuten! Heute kann jeder Mensch eine Familienaufstellung anbieten, und da es im Trend liegt, machen es viele. Um sicherzugehen, dass Sie sich in den richtigen, nämlich kompetenten Händen befinden, wenden Sie sich wegen einer Familienaufstellung an ausgebildete Therapeuten oder Psychologen. Achten Sie darauf, dass der Kursleiter keine Machtansprüche erhebt. Denn im Gegensatz zu Psychodrama, in dem die Gestaltung von Ihnen selbst ausgeht, hat der Kursleiter bei einer Familienaufstellung sehr viel Einfluss. Es können so überraschende, unerwartete Erkenntnisse über Sie hereinbrechen, dass Sie alleine damit vollkommen überfordert wären. Ein gut ausgebildeter Kursleiter wird versuchen, Sie sicher zu begleiten. Oft ist eine weiterführende Therapie in Form von Psychodrama sehr hilfreich.

So läuft eine Systemische Aufstellung ab

Wie bei einer Familienaufstellung sprechen Sie gegenüber dem Leiter als Erstes die Problematik an, die Sie bearbeiten möchten. Das kann ganz kurz, fast allgemein gehalten sein. Sie müssen sich nicht unbedingt outen. Als Nächstes wählen Sie Personen aus der Gruppe aus, die stellvertretend für Ihre Familienmitglieder, Kollegen, Freunde, Begriffe und Symbole stehen. Diese stellen Sie im Raum auf, und zwar in dem Abstand zueinander, welcher die Beziehungen untereinander am besten widerspiegelt. Diese Personen nehmen daraufhin Veränderungen sowohl in ihren Gefühlen als auch in ihren körperlichen Empfindungen wahr und werden nun von dem Leiter zu diesen Veränderungen befragt. Jetzt entwickelt der Leiter zusammen mit den Stellvertretern ein neues Bild. Dazu verändert er die Positionen und lässt manche Stellvertreter bestimmte Sätze aussprechen, bis am Ende alle einen Platz bekommen, an dem sie sich einigermaßen wohlfühlen.

INFO

Unter der Leitung von Prof. F. B. Simon wurde 2003 eine Studie an der Universität Witten/Herdecke durchgeführt: In über 3000 Fällen wurde untersucht, ob unterschiedliche Stellvertreter an denselben Positionen jeweils Analoges, d. h. Gleiches erleben bzw. dieselben Personen an unterschiedlichen Positionen Unterschiedliches. Diese Hypothese konnte mit hoher Signifikanz als gültig bestätigt werden.

COACHING MIT PFERDEN

»Der Mensch ist nicht Herr über die Kreatur, sondern ihr Partner.«
Monty Roberts

Pferde – die natürlich in Herden leben – steuern die Beziehungen untereinander über ihre Persönlichkeit – nicht etwa über Beißen oder Hauen. Als Herden- und Beutetiere, denen nur der »richtige« Chef an der Spitze 50 Millionen Jahre Überleben gesichert hat, haben Pferde sehr empfindliche Sensoren für die feinen Ausstrahlungen, die auch unser menschliches Verhalten begleiten. Mehr noch als auf Worte, hören sie auf Stimmlage, achten auf Körpersprache und vor allem unsere Ausstrahlung.

Um zu wissen, wo sie stehen in Beziehung zu uns Menschen, testen sie uns in jeder Begegnung in unserer Klarheit und unserem »Chef-Sein«. So treten Pferde immer auf intensive Weise in Beziehung. Sie verlangen innere Klarheit und Stärke und zeigen uns kompromisslos, aber sehr einfühlsam die kleinsten Unstimmigkeiten in unserem Verhalten auf.

Sie wirken aber auch beruhigend auf uns Menschen, da sie tief in ihrem Ursprung verwurzelt sind. Indem sie unmittelbar und direkt – aber komplett wertfrei – auf unser Verhalten reagieren, lehren sie uns eine sinnvolle Kontrolle unserer Emotionen. Denn nur Klarheit und ehrliches Leben unserer Emotionen bringt uns weiter. Aufsteigende Aggressionen oder innere Unsicherheiten meiden Pferde als Fluchttiere, innere Gelassenheit und sichere Ruhe suchen sie.

Dadurch können wir lernen, uns selbst besser wahrzunehmen und uns in der Kommunikation ohne Worte üben. Pferde sehen hinter unsere Masken und entlarven liebevoll und wertfrei unsere gesellschaftlichen Spielchen und konfrontieren uns direkt mit uns selbst, fernab jeglicher Illusion. Sie spiegeln uns das wider, was tief in uns los ist. So kann der Mensch viel von einem Pferd lernen, denn es akzeptiert ihn nur, wenn er sich klar ausrichtet und für seine Ideen einsteht, und zwar ohne Gewalt, sondern als Partner – anderenfalls gibt es unproduktiven Kampf oder Verweigerung.

Ein Persönlichkeits- oder Führungstraining mit Pferden bedarf keiner reiterlichen Erfahrung, denn es wird nicht geritten, sondern es werden gezielte Übungen mit den Pferden vom Boden aus durchgeführt. Dieses Training ist alles für jeden geeignet.

SCHAMANISMUS

Seit Menschengedenken lebten unsere Vorfahren in unmittelbarem Bezug zur Natur und der Erde und waren dadurch eingebunden in den Gesamtzusammenhang des Universums und des Lebendigen überhaupt. Krankheit und Naturkatastrophen wurden als Ausdruck einer Störung des persönlichen Gleichgewichts und der Beziehung zu den Göttern und Geistern verstanden.

Immer gab es Menschen, die besondere Begabung und Wissen hatten, diesen Störungen nachzuspüren und Mittel aufzuzeigen, die Balance wiederherzustellen. Das enorme uns Menschen gegebene Potenzial von »mind« und »spirit« offenbarte sich in ihnen, und über Jahrtausende entwickelten sie bemerkenswerte Systeme verschiedener Rituale, Praktiken und Heilverfahren, die heute als Schamanismus bekannt sind. Hierbei werden, häufig durch Ekstasetechniken, intensivierte und veränderte Bewusstseinszustände erlebt, die bei Heilungen und Problemlösungen, für Einzelne und die Gemeinschaft genutzt werden.

Der Begriff Schamanismus stammt von dem sibirischen Wort für Medizinmann »Schaman«. Schamanen haben in fast allen Stammesgemeinschaften vielfältige Aufgaben und Rollen. Diese Frauen und Männer sind Mediziner, Priester, Psychologen, Therapeuten, Berater, Überlieferer der Mythen, Krieger, Jäger und oft Tänzer, Sänger, Künstler in einer Person. Sie gelten als Bindeglied und Mittler zum Göttlichen und erleben durch verschiedene Praktiken, meist unterstützt von monotonen Rhythmen und Gesängen, den natürlichen Zugang zur spirituellen Ebene. In Trance unternehmen sie Reisen in verborgene Welten, die wir sonst nur durch Mythen und Träume kennen.

In diesem Zustand, in dem die Zeit nicht mehr existiert, vermögen sie Wirkungen aus der Vergangenheit und Auswirkungen in die Zukunft zu erkennen. Die schamanistische Intervention in Heilungsprozessen wendet sich immer an alle Aspekte des Menschen: Körper, Emotion, Intellekt und spirituelles Selbst.

In den vielfältigen Ritualen, die in Stammesgesellschaften den Beginn und das Ende eines Lebensabschnittes markieren, die Jahreszeiten begleiten oder andere Gründe haben, werden ungewöhnliche Kräfte erlebbar, die beteiligte Menschen in auffallender Weise verändern und innerlich reifen lassen.

Was wir heute über Schamanismus wissen, stammt von den letzten lebenden Trägern dieses alten menschlichen Wissens, den Schamanen der zersplitterten und sterbenden Stammeskulturen. Wegen der noch immer fortschreitenden Vernichtung ihrer Völker und Kulturen sowie durch vorsätzliche Versuche, die Schamanen und ihr Wissen auszulöschen, leben leider nur noch wenige von ihnen.

Seit Kurzem beginnen geistig offene Menschen in der westlichen Welt den schamanistischen Ansatz für sich zu entdecken und kommen damit bei psychologischen Problemlösungen und bei Behandlungen von Krankheiten zu erstaunlichen Ergebnissen für sich und andere. Dies ist oft verbunden mit tiefen Einsichten in das Bewusstsein unserer spirituellen Einheit mit allen Lebewesen und Pflanzen, der Erde und dem Universum. Dabei werden andere Dimensionen von Realität sichtbar, die über die von uns Europäern gewöhnlich erlebte Wirklichkeit hinausgehen.

Der »Schamanismus und Heilen e.V.« betrachtet es als seine Verantwortung, die Wirksamkeit schamanischer Heilmethoden auch in unserem Kulturkreis zu erforschen. Der Verein bietet Veranstaltungen mit anerkannten Schamanen aus aller Welt an, sowie Einzeltermine, Workshops, Ausbildungen und steht Ihnen bei Reisen in die Heimatländer der Schamanen beratend zur Seite.

ENLIGHTENMENT INTENSIVE

Das »Enlightenment Intensive« – entwickelt im Amerika des spirituellen Aufbruchs um 1968 von Charles Berner – ist eine Retreat-Form oder eine Art Exerzitium, bei dem man unablässig mit den Fragen umgeht: Wer bin ich? Was ist ein anderer? Was ist Leben?

Seinen Namen verdankt es der Tatsache, dass es sich um einen sehr intensiven Prozess handelt, der auf eine unmittelbare Erfahrung von Wahrheit abzielt, die erleichtert und erleuchtet. Der Umgang mit diesen Fragen ähnelt der Kontemplation eines Zen-Koans, in dem ein Zen-Meister seinen Schüler durch einen Ausspruch auf den Weg zur Erleuchtung bringt. Was diese Methode für den westlichen Geist so wirksam macht, ist die einzigartige Verbindung von Kontemplation und strukturierter Kommunikation mit stündlich wechselnden Partnern, eingebettet in Schweigen außerhalb der »Dyaden-Sitzungen«. Im 5-Minu-ten-Wechsel kontempliert jeder im Schutz der ungeteilten, möglichst urteilsfreien Aufmerksamkeit des Gegenübers, der in keiner Weise ein-greift, und kann ihm mitteilen, was dabei in ihm auftaucht. Der zuhö-rende Partner lässt sich davon berühren, versteht so gut er kann und bleibt dabei strikt bei sich selbst.

So können beide immer tiefer gehen. Dabei entwickelt sich durch Acht-samkeit, Respekt und wachsende Offenheit immer mehr Mut zu tieferen Wahrheiten, auch zu verdrängten und abgespaltenen Schattenanteilen, und gleichzeitig ein immer reinerer Kontakt, der den Prozess sichert und trägt. Die Bereitschaft, sich von sich selbst in allen Aspekten berüh-ren zu lassen, Abgelehntes und Ausgegrenztes anzunehmen, öffnet das Herz für seine Schmerzen, die endlich gefühlt werden wollen. Das führt unweigerlich zu einer intensiven Reinigung des Bewusstseins-Raumes, der sich immer mehr leert von Gedanken, Erwartungen und Vorstel-lungen über sich und die Welt.
Dadurch bereitet sich in uns ein Durchbruch vor zu einer wesent-licheren Ebene. Die Antwort kann nicht durch den Verstand gefunden, wohl aber unmittelbar erfahren werden.
Sie geschieht spontan in einem Moment totaler Loslösung von unseren Vorstellungen, Sinneseindrücken, Gedanken und Bedingtheiten von Raum und Zeit. Es ist eine Erfahrung von EINS-SEIN.

ADRESSEN, DIE IHNEN WEITERHELFEN:

Persönlichkeits-Coaching, Mediation
Karin Jody Parkhof
Am Kuglerberg 7
82031 Grünwald
Tel. 089 12 29 83 78
Mobil 0179 5411707
info@karin-jody-parkhof.de
www.karin-jody-parkhof.de

Praxis für Supervision, Coaching und Psychotherapie
Systemische Lehrende Supervisorin
und Psychodramaweiterbildungsleiterin
Elke Frohn
Liebigstraße 8
80538 München
+49 (0)89 334597
Mobil +49 (0)171 3816050
mail@elkefrohn.de
www.elkefrohn.de

Psychodrama
Moreno Institut Stuttgart
Gebelsbergstraße 9
70199 Stuttgart
Tel. +49 (0)711 606707
mail@morenoinstitut.de
www.morenoinstitut.de

Systemische Aufstellungen/Astrologie und Kinesiologie
Maria Rogl Schiebl und Günther Klocker
Günther Klocker
Schlagturn 18
A-6135 Stans
energie@klocker.info
www.klocker.info/energie/

Maria Rogl Schiebl
Dr. Walter Waizerstraße 36
A-6130 Schwaz
Tel. +43 (0)5242 20145
astro.maria@chello.at

Systemisches Coaching
Andrea Bahlsen
In der Alpenhalten 37
CH-8706 Meilen
Tel. +41 449255522
Fax +41 449255525
mail@basicmotion.ch
www.basicmotion.ch

Systemische Familienaufstellung
Dr. Ursula Franke
Tal 34
80331 München
Tel. +49 (0)89 222785
praxis@ursula-franke.de
www.ursula-franke.de

Join-Up, Coaching mit Pferden
Monty Roberts
Flag Is Up Farms
901 East Highway 246
Solvang, CA 93463
Tel. +1 805 6886288
USA
www.montyroberts.com

Seins-Entwicklung mit Pferden
Innere Entwicklungs- und Heilarbeit mit Tieren
Angelika Scheuer
Sonnamoar Hof
Innerthann 1
83104 Tuntenhausen
Tel. +49 (0)8065 906 1882
Mobil +49 (0)172 856 23 23
angelika.scheuer@spirit88.de
www.spirit88.de

Schamanismus
Schamanismus & Heilen e.V.
Bauerstr. 15
80796 München
Tel. +49 (0)89 200 619 01
Fax: +49 (0)89 200 619 05
info@schamanismus-und-heilen.de
www.schamanismus-und-heilen.de

Enlightenment Intensive
Nanna Michael
Schneekoppenweg 14
83071 Stephanskirchen
Tel. +49 (0)8036 9085989
nanna.michael@t-online.de
www.nanna-michael.de

Aktuelle Bücher von Andrea Sixt:
»Noch einmal lieben« Goldmann Verlag
»Noch einmal lieben« Hörbuch und DVD
inklusive der Dokumentation »Mein zweites Leben«
»Traumtochter« Lübbe Verlag
»Eine ganz heiße Nummer« Lübbe Verlag
»7 Sicherungen für ein Leben nach dem Krebs« Kösel Verlag

www.andreasixt.de

Impressum

© 2009 by Südwest Verlag, einem Unternehmen
der Verlagsgruppe Random House GmbH,
81637 München.

Hinweis
Die Ratschläge/Informationen in diesem Buch
sind von Autorin und Verlag sorgfältig erwogen
und geprüft, dennoch kann eine Garantie nicht
übernommen werden. Eine Haftung der Autoren bzw.
des Verlags und seiner Beauftragten für Personen-,
Sach- und Vermögensschäden ist ausgeschlossen.

Umschlaggestaltung
Andreas Henze und Christian M. Weiß, München

Layout & Gesamtproducing
Christian M. Weiß, München

Projektleitung & Redaktion
Dr. Harald Kämmerer, Sabine Gnan

Bildnachweis
Sämtliche Bilder sind von Christian M. Weiß –
mit Ausnahme der Fotos von Jürgen Klopp.
Hier fotografierte Torsten Zimmermann, Mainz.

Übersetzung des Interviews mit Monty Roberts:
Marion Zerbst, Stuttgart

Druck und Bindung
GGP Media GmbH, Pößneck

Printed in Germany

ISBN 978-3-517-08489-3
9817 2635 4453 6271

FSC

Mix
Produktgruppe aus vorbildlich
bewirtschafteten Wäldern und
anderen kontrollierten Herkünften

Zert.-Nr. SGS-COC-1940
www.fsc.org
© 1996 Forest Stewardship Council

Verlagsgruppe Random House FSC-DEU-0100
Das für dieses Buch verwendete FSC-zertifizierte
Papier *Munken Premium Cream*
liefert Arctic Paper, Munkedals